Facts
Practice
Workbook

Welcome to the Subtraction Facts Practice Workbook. It just takes five minutes a day. Your child will practice with the same sheet every day which will give them the chance to improve every day. There are 60 pages included here. You can print out this whole book or extra pages if needed from where you purchased this on our site.

The first pages will introduce your child to the subtraction facts. They can count and refer back as much as they need to in order to answer their fact sheets. Every time they answer correctly, it's practice. It's important for them to answer correctly rather than to guess.

Once you get to the facts practice, give your child five minutes on a timer to answer as many correctly as possible. After five minutes have your child skip to the end and do the last six problems which are addition review. Then check the answers. You can find the list of answers in the back of the book. Write the number of correct answers in the score blank. Encourage your child to beat his record each day. Once your child can get them all correct, your child can continue and get rewarded by racing their own time record each day.

Multiplication should come next once this book is mastered. That facts practice book can be found at either GenesisCurriculum.com or allinonehomeschool.com.

Subtraction is taking away. It's the opposite of addition. Use the addition facts to write the subtraction facts in that same family. Use the examples to do the rest.

$2 + 2 = 4$
$4 - 2 = 2$

$3 + 3 = 6$
_____

$4 + 4 = 8$
_____

$5 + 5 = 10$
_____

$6 + 6 = 12$
_____

$7 + 7 = 14$
_____

$8 + 8 = 16$
_____

$9 + 9 = 18$
_____

$3 + 1 = 4$
$1 + 3 = 4$
$4 - 1 = 3$
$4 - 3 = 1$

$3 + 4 = 7$
$4 + 3 = 7$
_____
_____

$3 + 6 = 9$
$6 + 3 = 9$
_____
_____

$3 + 8 = 11$
$8 + 3 = 11$
_____
_____

$2 + 3 = 5$
$3 + 2 = 5$
$5 - 2 = 3$
$5 - 3 = 2$

$3 + 5 = 8$
$5 + 3 = 8$
_____
_____

$3 + 7 = 10$
$7 + 3 = 10$
_____
_____

$3 + 9 = 12$
$9 + 3 = 12$
_____
_____

Write the subtraction equations that fit into each fact family.

$4 + 5 = 9$
$5 + 4 = 9$

_____

_____

$4 + 6 = 10$
$6 + 4 = 10$

_____

_____

$4 + 7 = 11$
$7 + 4 = 11$

_____

_____

$4 + 8 = 12$
$8 + 4 = 12$

_____

_____

$4 + 9 = 13$
$9 + 4 = 13$

_____

_____

$5 + 6 = 11$
$6 + 5 = 11$

_____

_____

$5 + 7 = 12$
$7 + 5 = 12$

_____

_____

$5 + 8 = 13$
$8 + 5 = 13$

_____

_____

$5 + 9 = 14$
$9 + 5 = 14$

_____

_____

$6 + 7 = 13$
$7 + 6 = 13$

_____

_____

$6 + 8 = 14$
$8 + 6 = 14$

_____

_____

$6 + 9 = 15$
$9 + 6 = 15$

_____

_____

$7 + 8 = 15$
$8 + 7 = 15$

_____

_____

$7 + 9 = 16$
$9 + 7 = 16$

_____

_____

$8 + 9 = 17$
$9 + 8 = 17$

_____

_____

3 - 0 =	5 - 1 =	5 - 3 =
15 - 6 =	12 - 7 =	10 - 8 =
5 - 2 =	7 - 5 =	6 - 5 =
11 - 4 =	11 - 5 =	15 - 7 =
7 - 3 =	8 - 5 =	13 - 5 =
10 - 5 =	13 - 6 =	9 - 7 =
9 - 1 =	9 - 6 =	10 - 4 =
12 - 4 =	17 - 9 =	9 - 8 =
6 - 3 =	4 - 3 =	11 - 8 =
16 - 9 =	12 - 9 =	5 - 4 =
8 - 5 =	2 - 2 =	10 - 3 =
14 - 6 =	15 - 8 =	7 - 1 =
4 - 2 =	8 - 6 =	13 - 9 =
13 - 7 =	12 - 5 =	3 - 2 =
6 - 5 =	9 - 4 =	11 - 7 =
11 - 6 =	16 - 7 =	10 - 2 =
7 - 2 =	8 - 1 =	12 - 3 =
15 - 9 =	13 - 8 =	12 - 6 =
8 - 2 =	8 - 4 =	14 - 5 =
17 - 8 =	14 - 8 =	14 - 9 =
9 - 3 =	9 - 2 =	18 - 9 =
13 - 4 =	12 - 8 =	14 - 7 =
7 - 4 =	6 - 2 =	8 + 6 =
11 - 2 =	11 - 3 =	5 + 3 =
7 - 6 =	9 - 5 =	7 + 4 =
16 - 8 =	10 - 6 =	9 + 2 =
6 - 4 =	2 - 1 =	5 + 6 =
10 - 7 =	11 - 9=	3 + 5 =

3 - 0 =	5 - 1 =	5 - 3 =
15 - 6 =	12 - 7 =	10 - 8 =
5 - 2 =	7 - 5 =	9 - 5 =
11 - 4 =	11 - 5 =	15 - 7 =
7 - 3 =	8 - 5 =	13 - 5 =
10 - 5 =	13 - 6 =	9 - 7 =
9 - 1 =	9 - 6 =	10 - 4 =
12 - 4 =	17 - 9 =	9 - 8 =
6 - 3 =	4 - 3 =	11 - 8 =
16 - 9 =	12 - 9 =	5 - 4 =
8 - 5 =	2 - 2 =	10 - 3 =
14 - 6 =	15 - 8 =	7 - 1 =
4 - 2 =	8 - 6 =	13 - 9 =
13 - 7 =	12 - 5 =	3 - 2 =
6 - 5 =	9 - 4 =	11 - 7 =
11 - 6 =	16 - 7 =	10 - 2 =
7 - 2 =	8 - 1 =	12 - 3 =
15 - 9 =	13 - 8 =	12 - 6 =
8 - 2 =	8 - 4 =	14 - 5 =
17 - 8 =	14 - 8 =	14 - 9 =
9 - 3 =	9 - 2 =	18 - 9 =
13 - 4 =	12 - 8 =	14 - 7 =
7 - 4 =	6 - 2 =	7 + 6 =
11 - 2 =	11 - 3 =	4 + 3 =
7 - 6 =	9 - 5 =	6 + 4 =
16 - 8 =	10 - 6 =	8 + 2 =
6 - 4 =	2 - 1 =	4 + 6 =
10 - 7 =	11 - 9=	2 + 5 =

3 - 0 =	5 - 1 =	5 - 3 =
15 - 6 =	12 - 7 =	10 - 8 =
5 - 2 =	7 - 5 =	9 - 5 =
11 - 4 =	11 - 5 =	15 - 7 =
7 - 3 =	8 - 5 =	13 - 5 =
10 - 5 =	13 - 6 =	9 - 7 =
9 - 1 =	9 - 6 =	10 - 4 =
12 - 4 =	17 - 9 =	9 - 8 =
6 - 3 =	4 - 3 =	11 - 8 =
16 - 9 =	12 - 9 =	5 - 4 =
8 - 5 =	2 - 2 =	10 - 3 =
14 - 6 =	15 - 8 =	7 - 1 =
4 - 2 =	8 - 6 =	13 - 9 =
13 - 7 =	12 - 5 =	3 - 2 =
6 - 5 =	9 - 4 =	11 - 7 =
11 - 6 =	16 - 7 =	10 - 2 =
7 - 2 =	8 - 1 =	12 - 3 =
15 - 9 =	13 - 8 =	12 - 6 =
8 - 2 =	8 - 4 =	14 - 5 =
17 - 8 =	14 - 8 =	14 - 9 =
9 - 3 =	9 - 2 =	18 - 9 =
13 - 4 =	12 - 8 =	14 - 7 =
7 - 4 =	6 - 2 =	6 + 6 =
11 - 2 =	11 - 3 =	3 + 3 =
7 - 6 =	9 - 5 =	5 + 2 =
16 - 8 =	10 - 6 =	7 + 6 =
6 - 4 =	2 - 1 =	3 + 6 =
10 - 7 =	11 - 9=	9 + 5 =

3 - 0 =	5 - 1 =	5 - 3 =
15 - 6 =	12 - 7 =	10 - 8 =
5 - 2 =	7 - 5 =	9 - 5 =
11 - 4 =	11 - 5 =	15 - 7 =
7 - 3 =	8 - 5 =	13 - 5 =
10 - 5 =	13 - 6 =	9 - 7 =
9 - 1 =	9 - 6 =	10 - 4 =
12 - 4 =	17 - 9 =	9 - 8 =
6 - 3 =	4 - 3 =	11 - 8 =
16 - 9 =	12 - 9 =	5 - 4 =
8 - 5 =	2 - 2 =	10 - 3 =
14 - 6 =	15 - 8 =	7 - 1 =
4 - 2 =	8 - 6 =	13 - 9 =
13 - 7 =	12 - 5 =	3 - 2 =
6 - 5 =	9 - 4 =	11 - 7 =
11 - 6 =	16 - 7 =	10 - 2 =
7 - 2 =	8 - 1 =	12 - 3 =
15 - 9 =	13 - 8 =	12 - 6 =
8 - 2 =	8 - 4 =	14 - 5 =
17 - 8 =	14 - 8 =	14 - 9 =
9 - 3 =	9 - 2 =	18 - 9 =
13 - 4 =	12 - 8 =	14 - 7 =
7 - 4 =	6 - 2 =	5 + 6 =
11 - 2 =	11 - 3 =	2 + 3 =
7 - 6 =	9 - 5 =	4 + 2 =
16 - 8 =	10 - 6 =	6 + 6 =
6 - 4 =	2 - 1 =	2 + 6 =
10 - 7 =	11 - 9=	8 + 5 =

3 - 0 =	5 - 1 =	5 - 3 =
15 - 6 =	12 - 7 =	10 - 8 =
5 - 2 =	7 - 5 =	9 - 5 =
11 - 4 =	11 - 5 =	15 - 7 =
7 - 3 =	8 - 5 =	13 - 5 =
10 - 5 =	13 - 6 =	9 - 7 =
9 - 1 =	9 - 6 =	10 - 4 =
12 - 4 =	17 - 9 =	9 - 8 =
6 - 3 =	4 - 3 =	11 - 8 =
16 - 9 =	12 - 9 =	5 - 4 =
8 - 5 =	2 - 2 =	10 - 3 =
14 - 6 =	15 - 8 =	7 - 1 =
4 - 2 =	8 - 6 =	13 - 9 =
13 - 7 =	12 - 5 =	3 - 2 =
6 - 5 =	9 - 4 =	11 - 7 =
11 - 6 =	16 - 7 =	10 - 2 =
7 - 2 =	8 - 1 =	12 - 3 =
15 - 9 =	13 - 8 =	12 - 6 =
8 - 2 =	8 - 4 =	14 - 5 =
17 - 8 =	14 - 8 =	14 - 9 =
9 - 3 =	9 - 2 =	18 - 9 =
13 - 4 =	12 - 8 =	14 - 7 =
7 - 4 =	6 - 2 =	4 + 6 =
11 - 2 =	11 - 3 =	9 + 3 =
7 - 6 =	9 - 5 =	3 + 5 =
16 - 8 =	10 - 6 =	5 + 6 =
6 - 4 =	2 - 1 =	9 + 6 =
10 - 7 =	11 - 9=	7 + 5 =

3 - 0 =	5 - 1 =	5 - 3 =
15 - 6 =	12 - 7 =	10 - 8 =
5 - 2 =	7 - 5 =	9 - 5 =
11 - 4 =	11 - 5 =	15 - 7 =
7 - 3 =	8 - 5 =	13 - 5 =
10 - 5 =	13 - 6 =	9 - 7 =
9 - 1 =	9 - 6 =	10 - 4 =
12 - 4 =	17 - 9 =	9 - 8 =
6 - 3 =	4 - 3 =	11 - 8 =
16 - 9 =	12 - 9 =	5 - 4 =
8 - 5 =	2 - 2 =	10 - 3 =
14 - 6 =	15 - 8 =	7 - 1 =
4 - 2 =	8 - 6 =	13 - 9 =
13 - 7 =	12 - 5 =	3 - 2 =
6 - 5 =	9 - 4 =	11 - 7 =
11 - 6 =	16 - 7 =	10 - 2 =
7 - 2 =	8 - 1 =	12 - 3 =
15 - 9 =	13 - 8 =	12 - 6 =
8 - 2 =	8 - 4 =	14 - 5 =
17 - 8 =	14 - 8 =	14 - 9 =
9 - 3 =	9 - 2 =	18 - 9 =
13 - 4 =	12 - 8 =	14 - 7 =
7 - 4 =	6 - 2 =	8 + 7 =
11 - 2 =	11 - 3 =	5 + 4 =
7 - 6 =	9 - 5 =	7 + 5 =
16 - 8 =	10 - 6 =	9 + 3 =
6 - 4 =	2 - 1 =	5 + 7 =
10 - 7 =	11 - 9=	3 + 6 =

3 - 0 =	5 - 1 =	5 - 3 =
15 - 6 =	12 - 7 =	10 - 8 =
5 - 2 =	7 - 5 =	9 - 5 =
11 - 4 =	11 - 5 =	15 - 7 =
7 - 3 =	8 - 5 =	13 - 5 =
10 - 5 =	13 - 6 =	9 - 7 =
9 - 1 =	9 - 6 =	10 - 4 =
12 - 4 =	17 - 9 =	9 - 8 =
6 - 3 =	4 - 3 =	11 - 8 =
16 - 9 =	12 - 9 =	5 - 4 =
8 - 5 =	2 - 2 =	10 - 3 =
14 - 6 =	15 - 8 =	7 - 1 =
4 - 2 =	8 - 6 =	13 - 9 =
13 - 7 =	12 - 5 =	3 - 2 =
6 - 5 =	9 - 4 =	11 - 7 =
11 - 6 =	16 - 7 =	10 - 2 =
7 - 2 =	8 - 1 =	12 - 3 =
15 - 9 =	13 - 8 =	12 - 6 =
8 - 2 =	8 - 4 =	14 - 5 =
17 - 8 =	14 - 8 =	14 - 9 =
9 - 3 =	9 - 2 =	18 - 9 =
13 - 4 =	12 - 8 =	14 - 7 =
7 - 4 =	6 - 2 =	8 + 8 =
11 - 2 =	11 - 3 =	5 + 5 =
7 - 6 =	9 - 5 =	7 + 6 =
16 - 8 =	10 - 6 =	9 + 4 =
6 - 4 =	2 - 1 =	5 + 8 =
10 - 7 =	11 - 9=	3 + 7 =

3 - 0 =	5 - 1 =	5 - 3 =
15 - 6 =	12 - 7 =	10 - 8 =
5 - 2 =	7 - 5 =	9 - 5 =
11 - 4 =	11 - 5 =	15 - 7 =
7 - 3 =	8 - 5 =	13 - 5 =
10 - 5 =	13 - 6 =	9 - 7 =
9 - 1 =	9 - 6 =	10 - 4 =
12 - 4 =	17 - 9 =	9 - 8 =
6 - 3 =	4 - 3 =	11 - 8 =
16 - 9 =	12 - 9 =	5 - 4 =
8 - 5 =	2 - 2 =	10 - 3 =
14 - 6 =	15 - 8 =	7 - 1 =
4 - 2 =	8 - 6 =	13 - 9 =
13 - 7 =	12 - 5 =	3 - 2 =
6 - 5 =	9 - 4 =	11 - 7 =
11 - 6 =	16 - 7 =	10 - 2 =
7 - 2 =	8 - 1 =	12 - 3 =
15 - 9 =	13 - 8 =	12 - 6 =
8 - 2 =	8 - 4 =	14 - 5 =
17 - 8 =	14 - 8 =	14 - 9 =
9 - 3 =	9 - 2 =	18 - 9 =
13 - 4 =	12 - 8 =	14 - 7 =
7 - 4 =	6 - 2 =	8 + 9 =
11 - 2 =	11 - 3 =	5 + 6 =
7 - 6 =	9 - 5 =	7 + 7 =
16 - 8 =	10 - 6 =	9 + 5 =
6 - 4 =	2 - 1 =	5 + 9 =
10 - 7 =	11 - 9=	3 + 8 =

3 - 0 =	5 - 1 =	5 - 3 =
15 - 6 =	12 - 7 =	10 - 8 =
5 - 2 =	7 - 5 =	9 - 5 =
11 - 4 =	11 - 5 =	15 - 7 =
7 - 3 =	8 - 5 =	13 - 5 =
10 - 5 =	13 - 6 =	9 - 7 =
9 - 1 =	9 - 6 =	10 - 4 =
12 - 4 =	17 - 9 =	9 - 8 =
6 - 3 =	4 - 3 =	11 - 8 =
16 - 9 =	12 - 9 =	5 - 4 =
8 - 5 =	2 - 2 =	10 - 3 =
14 - 6 =	15 - 8 =	7 - 1 =
4 - 2 =	8 - 6 =	13 - 9 =
13 - 7 =	12 - 5 =	3 - 2 =
6 - 5 =	9 - 4 =	11 - 7 =
11 - 6 =	16 - 7 =	10 - 2 =
7 - 2 =	8 - 1 =	12 - 3 =
15 - 9 =	13 - 8 =	12 - 6 =
8 - 2 =	8 - 4 =	14 - 5 =
17 - 8 =	14 - 8 =	14 - 9 =
9 - 3 =	9 - 2 =	18 - 9 =
13 - 4 =	12 - 8 =	14 - 7 =
7 - 4 =	6 - 2 =	8 + 2 =
11 - 2 =	11 - 3 =	5 + 7 =
7 - 6 =	9 - 5 =	7 + 9 =
16 - 8 =	10 - 6 =	9 + 6 =
6 - 4 =	2 - 1 =	5 + 2 =
10 - 7 =	11 - 9=	3 + 9 =

3 - 0 =	5 - 1 =	5 - 3 =
15 - 6 =	12 - 7 =	10 - 8 =
5 - 2 =	7 - 5 =	9 - 5 =
11 - 4 =	11 - 5 =	15 - 7 =
7 - 3 =	8 - 5 =	13 - 5 =
10 - 5 =	13 - 6 =	9 - 7 =
9 - 1 =	9 - 6 =	10 - 4 =
12 - 4 =	17 - 9 =	9 - 8 =
6 - 3 =	4 - 3 =	11 - 8 =
16 - 9 =	12 - 9 =	5 - 4 =
8 - 5 =	2 - 2 =	10 - 3 =
14 - 6 =	15 - 8 =	7 - 1 =
4 - 2 =	8 - 6 =	13 - 9 =
13 - 7 =	12 - 5 =	3 - 2 =
6 - 5 =	9 - 4 =	11 - 7 =
11 - 6 =	16 - 7 =	10 - 2 =
7 - 2 =	8 - 1 =	12 - 3 =
15 - 9 =	13 - 8 =	12 - 6 =
8 - 2 =	8 - 4 =	14 - 5 =
17 - 8 =	14 - 8 =	14 - 9 =
9 - 3 =	9 - 2 =	18 - 9 =
13 - 4 =	12 - 8 =	14 - 7 =
7 - 4 =	6 - 2 =	8 + 3 =
11 - 2 =	11 - 3 =	5 + 8 =
7 - 6 =	9 - 5 =	7 + 9 =
16 - 8 =	10 - 6 =	9 + 7 =
6 - 4 =	2 - 1 =	5 + 3 =
10 - 7 =	11 - 9=	3 + 2 =

3 - 0 =	5 - 1 =	5 - 3 =
15 - 6 =	12 - 7 =	10 - 8 =
5 - 2 =	7 - 5 =	9 - 5 =
11 - 4 =	11 - 5 =	15 - 7 =
7 - 3 =	8 - 5 =	13 - 5 =
10 - 5 =	13 - 6 =	9 - 7 =
9 - 1 =	9 - 6 =	10 - 4 =
12 - 4 =	17 - 9 =	9 - 8 =
6 - 3 =	4 - 3 =	11 - 8 =
16 - 9 =	12 - 9 =	5 - 4 =
8 - 5 =	2 - 2 =	10 - 3 =
14 - 6 =	15 - 8 =	7 - 1 =
4 - 2 =	8 - 6 =	13 - 9 =
13 - 7 =	12 - 5 =	3 - 2 =
6 - 5 =	9 - 4 =	11 - 7 =
11 - 6 =	16 - 7 =	10 - 2 =
7 - 2 =	8 - 1 =	12 - 3 =
15 - 9 =	13 - 8 =	12 - 6 =
8 - 2 =	8 - 4 =	14 - 5 =
17 - 8 =	14 - 8 =	14 - 9 =
9 - 3 =	9 - 2 =	18 - 9 =
13 - 4 =	12 - 8 =	14 - 7 =
7 - 4 =	6 - 2 =	8 + 4 =
11 - 2 =	11 - 3 =	5 + 9 =
7 - 6 =	9 - 5 =	7 + 2 =
16 - 8 =	10 - 6 =	9 + 8 =
6 - 4 =	2 - 1 =	5 + 4 =
10 - 7 =	11 - 9=	3 + 3 =

3 - 0 =	5 - 1 =	5 - 3 =
15 - 6 =	12 - 7 =	10 - 8 =
5 - 2 =	7 - 5 =	9 - 5 =
11 - 4 =	11 - 5 =	15 - 7 =
7 - 3 =	8 - 5 =	13 - 5 =
10 - 5 =	13 - 6 =	9 - 7 =
9 - 1 =	9 - 6 =	10 - 4 =
12 - 4 =	17 - 9 =	9 - 8 =
6 - 3 =	4 - 3 =	11 - 8 =
16 - 9 =	12 - 9 =	5 - 4 =
8 - 5 =	2 - 2 =	10 - 3 =
14 - 6 =	15 - 8 =	7 - 1 =
4 - 2 =	8 - 6 =	13 - 9 =
13 - 7 =	12 - 5 =	3 - 2 =
6 - 5 =	9 - 4 =	11 - 7 =
11 - 6 =	16 - 7 =	10 - 2 =
7 - 2 =	8 - 1 =	12 - 3 =
15 - 9 =	13 - 8 =	12 - 6 =
8 - 2 =	8 - 4 =	14 - 5 =
17 - 8 =	14 - 8 =	14 - 9 =
9 - 3 =	9 - 2 =	18 - 9 =
13 - 4 =	12 - 8 =	14 - 7 =
7 - 4 =	6 - 2 =	8 + 5 =
11 - 2 =	11 - 3 =	5 + 3 =
7 - 6 =	9 - 5 =	7 + 3 =
16 - 8 =	10 - 6 =	9 + 9 =
6 - 4 =	2 - 1 =	5 + 5 =
10 - 7 =	11 - 9=	3 + 4 =

3 - 0 =	5 - 1 =	5 - 3 =
15 - 6 =	12 - 7 =	10 - 8 =
5 - 2 =	7 - 5 =	9 - 5 =
11 - 4 =	11 - 5 =	15 - 7 =
7 - 3 =	8 - 5 =	13 - 5 =
10 - 5 =	13 - 6 =	9 - 7 =
9 - 1 =	9 - 6 =	10 - 4 =
12 - 4 =	17 - 9 =	9 - 8 =
6 - 3 =	4 - 3 =	11 - 8 =
16 - 9 =	12 - 9 =	5 - 4 =
8 - 5 =	2 - 2 =	10 - 3 =
14 - 6 =	15 - 8 =	7 - 1 =
4 - 2 =	8 - 6 =	13 - 9 =
13 - 7 =	12 - 5 =	3 - 2 =
6 - 5 =	9 - 4 =	11 - 7 =
11 - 6 =	16 - 7 =	10 - 2 =
7 - 2 =	8 - 1 =	12 - 3 =
15 - 9 =	13 - 8 =	12 - 6 =
8 - 2 =	8 - 4 =	14 - 5 =
17 - 8 =	14 - 8 =	14 - 9 =
9 - 3 =	9 - 2 =	18 - 9 =
13 - 4 =	12 - 8 =	14 - 7 =
7 - 4 =	6 - 2 =	8 + 6 =
11 - 2 =	11 - 3 =	5 + 3 =
7 - 6 =	9 - 5 =	7 + 4 =
16 - 8 =	10 - 6 =	9 + 2 =
6 - 4 =	2 - 1 =	5 + 6 =
10 - 7 =	11 - 9=	3 + 5 =

3 - 0 =	5 - 1 =	5 - 3 =
15 - 6 =	12 - 7 =	10 - 8 =
5 - 2 =	7 - 5 =	9 - 5 =
11 - 4 =	11 - 5 =	15 - 7 =
7 - 3 =	8 - 5 =	13 - 5 =
10 - 5 =	13 - 6 =	9 - 7 =
9 - 1 =	9 - 6 =	10 - 4 =
12 - 4 =	17 - 9 =	9 - 8 =
6 - 3 =	4 - 3 =	11 - 8 =
16 - 9 =	12 - 9 =	5 - 4 =
8 - 5 =	2 - 2 =	10 - 3 =
14 - 6 =	15 - 8 =	7 - 1 =
4 - 2 =	8 - 6 =	13 - 9 =
13 - 7 =	12 - 5 =	3 - 2 =
6 - 5 =	9 - 4 =	11 - 7 =
11 - 6 =	16 - 7 =	10 - 2 =
7 - 2 =	8 - 1 =	12 - 3 =
15 - 9 =	13 - 8 =	12 - 6 =
8 - 2 =	8 - 4 =	14 - 5 =
17 - 8 =	14 - 8 =	14 - 9 =
9 - 3 =	9 - 2 =	18 - 9 =
13 - 4 =	12 - 8 =	14 - 7 =
7 - 4 =	6 - 2 =	7 + 6 =
11 - 2 =	11 - 3 =	4 + 3 =
7 - 6 =	9 - 5 =	6 + 4 =
16 - 8 =	10 - 6 =	8 + 2 =
6 - 4 =	2 - 1 =	4 + 6 =
10 - 7 =	11 - 9=	2 + 5 =

3 - 0 =	5 - 1 =	5 - 3 =
15 - 6 =	12 - 7 =	10 - 8 =
5 - 2 =	7 - 5 =	9 - 5 =
11 - 4 =	11 - 5 =	15 - 7 =
7 - 3 =	8 - 5 =	13 - 5 =
10 - 5 =	13 - 6 =	9 - 7 =
9 - 1 =	9 - 6 =	10 - 4 =
12 - 4 =	17 - 9 =	9 - 8 =
6 - 3 =	4 - 3 =	11 - 8 =
16 - 9 =	12 - 9 =	5 - 4 =
8 - 5 =	2 - 2 =	10 - 3 =
14 - 6 =	15 - 8 =	7 - 1 =
4 - 2 =	8 - 6 =	13 - 9 =
13 - 7 =	12 - 5 =	3 - 2 =
6 - 5 =	9 - 4 =	11 - 7 =
11 - 6 =	16 - 7 =	10 - 2 =
7 - 2 =	8 - 1 =	12 - 3 =
15 - 9 =	13 - 8 =	12 - 6 =
8 - 2 =	8 - 4 =	14 - 5 =
17 - 8 =	14 - 8 =	14 - 9 =
9 - 3 =	9 - 2 =	18 - 9 =
13 - 4 =	12 - 8 =	14 - 7 =
7 - 4 =	6 - 2 =	6 + 6 =
11 - 2 =	11 - 3 =	3 + 3 =
7 - 6 =	9 - 5 =	5 + 4 =
16 - 8 =	10 - 6 =	7 + 2 =
6 - 4 =	2 - 1 =	3 + 6 =
10 - 7 =	11 - 9=	9 + 5 =

3 - 0 =	5 - 1 =	5 - 3 =
15 - 6 =	12 - 7 =	10 - 8 =
5 - 2 =	7 - 5 =	9 - 5 =
11 - 4 =	11 - 5 =	15 - 7 =
7 - 3 =	8 - 5 =	13 - 5 =
10 - 5 =	13 - 6 =	9 - 7 =
9 - 1 =	9 - 6 =	10 - 4 =
12 - 4 =	17 - 9 =	9 - 8 =
6 - 3 =	4 - 3 =	11 - 8 =
16 - 9 =	12 - 9 =	5 - 4 =
8 - 5 =	2 - 2 =	10 - 3 =
14 - 6 =	15 - 8 =	7 - 1 =
4 - 2 =	8 - 6 =	13 - 9 =
13 - 7 =	12 - 5 =	3 - 2 =
6 - 5 =	9 - 4 =	11 - 7 =
11 - 6 =	16 - 7 =	10 - 2 =
7 - 2 =	8 - 1 =	12 - 3 =
15 - 9 =	13 - 8 =	12 - 6 =
8 - 2 =	8 - 4 =	14 - 5 =
17 - 8 =	14 - 8 =	14 - 9 =
9 - 3 =	9 - 2 =	18 - 9 =
13 - 4 =	12 - 8 =	14 - 7 =
7 - 4 =	6 - 2 =	5 + 6 =
11 - 2 =	11 - 3 =	2 + 3 =
7 - 6 =	9 - 5 =	4 + 4 =
16 - 8 =	10 - 6 =	6 + 2 =
6 - 4 =	2 - 1 =	2 + 6 =
10 - 7 =	11 - 9=	8 + 5 =

3 - 0 =	5 - 1 =	5 - 3 =
15 - 6 =	12 - 7 =	10 - 8 =
5 - 2 =	7 - 5 =	9 - 5 =
11 - 4 =	11 - 5 =	15 - 7 =
7 - 3 =	8 - 5 =	13 - 5 =
10 - 5 =	13 - 6 =	9 - 7 =
9 - 1 =	9 - 6 =	10 - 4 =
12 - 4 =	17 - 9 =	9 - 8 =
6 - 3 =	4 - 3 =	11 - 8 =
16 - 9 =	12 - 9 =	5 - 4 =
8 - 5 =	2 - 2 =	10 - 3 =
14 - 6 =	15 - 8 =	7 - 1 =
4 - 2 =	8 - 6 =	13 - 9 =
13 - 7 =	12 - 5 =	3 - 2 =
6 - 5 =	9 - 4 =	11 - 7 =
11 - 6 =	16 - 7 =	10 - 2 =
7 - 2 =	8 - 1 =	12 - 3 =
15 - 9 =	13 - 8 =	12 - 6 =
8 - 2 =	8 - 4 =	14 - 5 =
17 - 8 =	14 - 8 =	14 - 9 =
9 - 3 =	9 - 2 =	18 - 9 =
13 - 4 =	12 - 8 =	14 - 7 =
7 - 4 =	6 - 2 =	4 + 6 =
11 - 2 =	11 - 3 =	9 + 3 =
7 - 6 =	9 - 5 =	3 + 4 =
16 - 8 =	10 - 6 =	5 + 2 =
6 - 4 =	2 - 1 =	9 + 6 =
10 - 7 =	11 - 9=	7 + 5 =

3 - 0 =	5 - 1 =	5 - 3 =
15 - 6 =	12 - 7 =	10 - 8 =
5 - 2 =	7 - 5 =	9 - 5 =
11 - 4 =	11 - 5 =	15 - 7 =
7 - 3 =	8 - 5 =	13 - 5 =
10 - 5 =	13 - 6 =	9 - 7 =
9 - 1 =	9 - 6 =	10 - 4 =
12 - 4 =	17 - 9 =	9 - 8 =
6 - 3 =	4 - 3 =	11 - 8 =
16 - 9 =	12 - 9 =	5 - 4 =
8 - 5 =	2 - 2 =	10 - 3 =
14 - 6 =	15 - 8 =	7 - 1 =
4 - 2 =	8 - 6 =	13 - 9 =
13 - 7 =	12 - 5 =	3 - 2 =
6 - 5 =	9 - 4 =	11 - 7 =
11 - 6 =	16 - 7 =	10 - 2 =
7 - 2 =	8 - 1 =	12 - 3 =
15 - 9 =	13 - 8 =	12 - 6 =
8 - 2 =	8 - 4 =	14 - 5 =
17 - 8 =	14 - 8 =	14 - 9 =
9 - 3 =	9 - 2 =	18 - 9 =
13 - 4 =	12 - 8 =	14 - 7 =
7 - 4 =	6 - 2 =	8 + 7 =
11 - 2 =	11 - 3 =	5 + 4 =
7 - 6 =	9 - 5 =	7 + 5 =
16 - 8 =	10 - 6 =	9 + 3 =
6 - 4 =	2 - 1 =	5 + 7 =
10 - 7 =	11 - 9=	3 + 6 =

3 - 0 =	5 - 1 =	5 - 3 =
15 - 6 =	12 - 7 =	10 - 8 =
5 - 2 =	7 - 5 =	9 - 5 =
11 - 4 =	11 - 5 =	15 - 7 =
7 - 3 =	8 - 5 =	13 - 5 =
10 - 5 =	13 - 6 =	9 - 7 =
9 - 1 =	9 - 6 =	10 - 4 =
12 - 4 =	17 - 9 =	9 - 8 =
6 - 3 =	4 - 3 =	11 - 8 =
16 - 9 =	12 - 9 =	5 - 4 =
8 - 5 =	2 - 2 =	10 - 3 =
14 - 6 =	15 - 8 =	7 - 1 =
4 - 2 =	8 - 6 =	13 - 9 =
13 - 7 =	12 - 5 =	3 - 2 =
6 - 5 =	9 - 4 =	11 - 7 =
11 - 6 =	16 - 7 =	10 - 2 =
7 - 2 =	8 - 1 =	12 - 3 =
15 - 9 =	13 - 8 =	12 - 6 =
8 - 2 =	8 - 4 =	14 - 5 =
17 - 8 =	14 - 8 =	14 - 9 =
9 - 3 =	9 - 2 =	18 - 9 =
13 - 4 =	12 - 8 =	14 - 7 =
7 - 4 =	6 - 2 =	8 + 8 =
11 - 2 =	11 - 3 =	5 + 5 =
7 - 6 =	9 - 5 =	7 + 6 =
16 - 8 =	10 - 6 =	9 + 4 =
6 - 4 =	2 - 1 =	5 + 8 =
10 - 7 =	11 - 9=	3 + 7 =

Score: _____

3 - 0 =	5 - 1 =	5 - 3 =
15 - 6 =	12 - 7 =	10 - 8 =
5 - 2 =	7 - 5 =	9 - 5 =
11 - 4 =	11 - 5 =	15 - 7 =
7 - 3 =	8 - 5 =	13 - 5 =
10 - 5 =	13 - 6 =	9 - 7 =
9 - 1 =	9 - 6 =	10 - 4 =
12 - 4 =	17 - 9 =	9 - 8 =
6 - 3 =	4 - 3 =	11 - 8 =
16 - 9 =	12 - 9 =	5 - 4 =
8 - 5 =	2 - 2 =	10 - 3 =
14 - 6 =	15 - 8 =	7 - 1 =
4 - 2 =	8 - 6 =	13 - 9 =
13 - 7 =	12 - 5 =	3 - 2 =
6 - 5 =	9 - 4 =	11 - 7 =
11 - 6 =	16 - 7 =	10 - 2 =
7 - 2 =	8 - 1 =	12 - 3 =
15 - 9 =	13 - 8 =	12 - 6 =
8 - 2 =	8 - 4 =	14 - 5 =
17 - 8 =	14 - 8 =	14 - 9 =
9 - 3 =	9 - 2 =	18 - 9 =
13 - 4 =	12 - 8 =	14 - 7 =
7 - 4 =	6 - 2 =	8 + 9 =
11 - 2 =	11 - 3 =	5 + 6 =
7 - 6 =	9 - 5 =	7 + 7 =
16 - 8 =	10 - 6 =	9 + 5 =
6 - 4 =	2 - 1 =	5 + 9 =
10 - 7 =	11 - 9=	3 + 8 =

20

3 - 0 =	5 - 1 =	5 - 3 =
15 - 6 =	12 - 7 =	10 - 8 =
5 - 2 =	7 - 5 =	9 - 5 =
11 - 4 =	11 - 5 =	15 - 7 =
7 - 3 =	8 - 5 =	13 - 5 =
10 - 5 =	13 - 6 =	9 - 7 =
9 - 1 =	9 - 6 =	10 - 4 =
12 - 4 =	17 - 9 =	9 - 8 =
6 - 3 =	4 - 3 =	11 - 8 =
16 - 9 =	12 - 9 =	5 - 4 =
8 - 5 =	2 - 2 =	10 - 3 =
14 - 6 =	15 - 8 =	7 - 1 =
4 - 2 =	8 - 6 =	13 - 9 =
13 - 7 =	12 - 5 =	3 - 2 =
6 - 5 =	9 - 4 =	11 - 7 =
11 - 6 =	16 - 7 =	10 - 2 =
7 - 2 =	8 - 1 =	12 - 3 =
15 - 9 =	13 - 8 =	12 - 6 =
8 - 2 =	8 - 4 =	14 - 5 =
17 - 8 =	14 - 8 =	14 - 9 =
9 - 3 =	9 - 2 =	18 - 9 =
13 - 4 =	12 - 8 =	14 - 7 =
7 - 4 =	6 - 2 =	8 + 2 =
11 - 2 =	11 - 3 =	5 + 7 =
7 - 6 =	9 - 5 =	7 + 9 =
16 - 8 =	10 - 6 =	9 + 6 =
6 - 4 =	2 - 1 =	5 + 2 =
10 - 7 =	11 - 9=	3 + 9 =

3 - 0 =	5 - 1 =	5 - 3 =
15 - 6 =	12 - 7 =	10 - 8 =
5 - 2 =	7 - 5 =	9 - 5 =
11 - 4 =	11 - 5 =	15 - 7 =
7 - 3 =	8 - 5 =	13 - 5 =
10 - 5 =	13 - 6 =	9 - 7 =
9 - 1 =	9 - 6 =	10 - 4 =
12 - 4 =	17 - 9 =	9 - 8 =
6 - 3 =	4 - 3 =	11 - 8 =
16 - 9 =	12 - 9 =	5 - 4 =
8 - 5 =	2 - 2 =	10 - 3 =
14 - 6 =	15 - 8 =	7 - 1 =
4 - 2 =	8 - 6 =	13 - 9 =
13 - 7 =	12 - 5 =	3 - 2 =
6 - 5 =	9 - 4 =	11 - 7 =
11 - 6 =	16 - 7 =	10 - 2 =
7 - 2 =	8 - 1 =	12 - 3 =
15 - 9 =	13 - 8 =	12 - 6 =
8 - 2 =	8 - 4 =	14 - 5 =
17 - 8 =	14 - 8 =	14 - 9 =
9 - 3 =	9 - 2 =	18 - 9 =
13 - 4 =	12 - 8 =	14 - 7 =
7 - 4 =	6 - 2 =	8 + 3 =
11 - 2 =	11 - 3 =	5 + 8 =
7 - 6 =	9 - 5 =	7 + 9 =
16 - 8 =	10 - 6 =	9 + 7 =
6 - 4 =	2 - 1 =	5 + 3 =
10 - 7 =	11 - 9=	3 + 2 =

3 - 0 =	5 - 1 =	5 - 3 =
15 - 6 =	12 - 7 =	10 - 8 =
5 - 2 =	7 - 5 =	9 - 5 =
11 - 4 =	11 - 5 =	15 - 7 =
7 - 3 =	8 - 5 =	13 - 5 =
10 - 5 =	13 - 6 =	9 - 7 =
9 - 1 =	9 - 6 =	10 - 4 =
12 - 4 =	17 - 9 =	9 - 8 =
6 - 3 =	4 - 3 =	11 - 8 =
16 - 9 =	12 - 9 =	5 - 4 =
8 - 5 =	2 - 2 =	10 - 3 =
14 - 6 =	15 - 8 =	7 - 1 =
4 - 2 =	8 - 6 =	13 - 9 =
13 - 7 =	12 - 5 =	3 - 2 =
6 - 5 =	9 - 4 =	11 - 7 =
11 - 6 =	16 - 7 =	10 - 2 =
7 - 2 =	8 - 1 =	12 - 3 =
15 - 9 =	13 - 8 =	12 - 6 =
8 - 2 =	8 - 4 =	14 - 5 =
17 - 8 =	14 - 8 =	14 - 9 =
9 - 3 =	9 - 2 =	18 - 9 =
13 - 4 =	12 - 8 =	14 - 7 =
7 - 4 =	6 - 2 =	8 + 4 =
11 - 2 =	11 - 3 =	5 + 9 =
7 - 6 =	9 - 5 =	7 + 2 =
16 - 8 =	10 - 6 =	9 + 8 =
6 - 4 =	2 - 1 =	5 + 4 =
10 - 7 =	11 - 9=	3 + 3 =

3 - 0 =	5 - 1 =	5 - 3 =
15 - 6 =	12 - 7 =	10 - 8 =
5 - 2 =	7 - 5 =	9 - 5 =
11 - 4 =	11 - 5 =	15 - 7 =
7 - 3 =	8 - 5 =	13 - 5 =
10 - 5 =	13 - 6 =	9 - 7 =
9 - 1 =	9 - 6 =	10 - 4 =
12 - 4 =	17 - 9 =	9 - 8 =
6 - 3 =	4 - 3 =	11 - 8 =
16 - 9 =	12 - 9 =	5 - 4 =
8 - 5 =	2 - 2 =	10 - 3 =
14 - 6 =	15 - 8 =	7 - 1 =
4 - 2 =	8 - 6 =	13 - 9 =
13 - 7 =	12 - 5 =	3 - 2 =
6 - 5 =	9 - 4 =	11 - 7 =
11 - 6 =	16 - 7 =	10 - 2 =
7 - 2 =	8 - 1 =	12 - 3 =
15 - 9 =	13 - 8 =	12 - 6 =
8 - 2 =	8 - 4 =	14 - 5 =
17 - 8 =	14 - 8 =	14 - 9 =
9 - 3 =	9 - 2 =	18 - 9 =
13 - 4 =	12 - 8 =	14 - 7 =
7 - 4 =	6 - 2 =	8 + 5 =
11 - 2 =	11 - 3 =	5 + 3 =
7 - 6 =	9 - 5 =	7 + 3 =
16 - 8 =	10 - 6 =	9 + 9 =
6 - 4 =	2 - 1 =	5 + 5 =
10 - 7 =	11 - 9=	3 + 4 =

3 - 0 =	5 - 1 =	5 - 3 =
15 - 6 =	12 - 7 =	10 - 8 =
5 - 2 =	7 - 5 =	9 - 5 =
11 - 4 =	11 - 5 =	15 - 7 =
7 - 3 =	8 - 5 =	13 - 5 =
10 - 5 =	13 - 6 =	9 - 7 =
9 - 1 =	9 - 6 =	10 - 4 =
12 - 4 =	17 - 9 =	9 - 8 =
6 - 3 =	4 - 3 =	11 - 8 =
16 - 9 =	12 - 9 =	5 - 4 =
8 - 5 =	2 - 2 =	10 - 3 =
14 - 6 =	15 - 8 =	7 - 1 =
4 - 2 =	8 - 6 =	13 - 9 =
13 - 7 =	12 - 5 =	3 - 2 =
6 - 5 =	9 - 4 =	11 - 7 =
11 - 6 =	16 - 7 =	10 - 2 =
7 - 2 =	8 - 1 =	12 - 3 =
15 - 9 =	13 - 8 =	12 - 6 =
8 - 2 =	8 - 4 =	14 - 5 =
17 - 8 =	14 - 8 =	14 - 9 =
9 - 3 =	9 - 2 =	18 - 9 =
13 - 4 =	12 - 8 =	14 - 7 =
7 - 4 =	6 - 2 =	8 + 6 =
11 - 2 =	11 - 3 =	5 + 3 =
7 - 6 =	9 - 5 =	7 + 4 =
16 - 8 =	10 - 6 =	9 + 2 =
6 - 4 =	2 - 1 =	5 + 6 =
10 - 7 =	11 - 9 =	3 + 5 =

3 - 0 =	5 - 1 =	5 - 3 =
15 - 6 =	12 - 7 =	10 - 8 =
5 - 2 =	7 - 5 =	9 - 5 =
11 - 4 =	11 - 5 =	15 - 7 =
7 - 3 =	8 - 5 =	13 - 5 =
10 - 5 =	13 - 6 =	9 - 7 =
9 - 1 =	9 - 6 =	10 - 4 =
12 - 4 =	17 - 9 =	9 - 8 =
6 - 3 =	4 - 3 =	11 - 8 =
16 - 9 =	12 - 9 =	5 - 4 =
8 - 5 =	2 - 2 =	10 - 3 =
14 - 6 =	15 - 8 =	7 - 1 =
4 - 2 =	8 - 6 =	13 - 9 =
13 - 7 =	12 - 5 =	3 - 2 =
6 - 5 =	9 - 4 =	11 - 7 =
11 - 6 =	16 - 7 =	10 - 2 =
7 - 2 =	8 - 1 =	12 - 3 =
15 - 9 =	13 - 8 =	12 - 6 =
8 - 2 =	8 - 4 =	14 - 5 =
17 - 8 =	14 - 8 =	14 - 9 =
9 - 3 =	9 - 2 =	18 - 9 =
13 - 4 =	12 - 8 =	14 - 7 =
7 - 4 =	6 - 2 =	7 + 6 =
11 - 2 =	11 - 3 =	4 + 3 =
7 - 6 =	9 - 5 =	6 + 4 =
16 - 8 =	10 - 6 =	8 + 2 =
6 - 4 =	2 - 1 =	4 + 6 =
10 - 7 =	11 - 9=	2 + 5 =

3 - 0 =	5 - 1 =	5 - 3 =
15 - 6 =	12 - 7 =	10 - 8 =
5 - 2 =	7 - 5 =	9 - 5 =
11 - 4 =	11 - 5 =	15 - 7 =
7 - 3 =	8 - 5 =	13 - 5 =
10 - 5 =	13 - 6 =	9 - 7 =
9 - 1 =	9 - 6 =	10 - 4 =
12 - 4 =	17 - 9 =	9 - 8 =
6 - 3 =	4 - 3 =	11 - 8 =
16 - 9 =	12 - 9 =	5 - 4 =
8 - 5 =	2 - 2 =	10 - 3 =
14 - 6 =	15 - 8 =	7 - 1 =
4 - 2 =	8 - 6 =	13 - 9 =
13 - 7 =	12 - 5 =	3 - 2 =
6 - 5 =	9 - 4 =	11 - 7 =
11 - 6 =	16 - 7 =	10 - 2 =
7 - 2 =	8 - 1 =	12 - 3 =
15 - 9 =	13 - 8 =	12 - 6 =
8 - 2 =	8 - 4 =	14 - 5 =
17 - 8 =	14 - 8 =	14 - 9 =
9 - 3 =	9 - 2 =	18 - 9 =
13 - 4 =	12 - 8 =	14 - 7 =
7 - 4 =	6 - 2 =	6 + 6 =
11 - 2 =	11 - 3 =	3 + 3 =
7 - 6 =	9 - 5 =	5 + 4 =
16 - 8 =	10 - 6 =	7 + 2 =
6 - 4 =	2 - 1 =	3 + 6 =
10 - 7 =	11 - 9=	9 + 5 =

27

3 - 0 =	5 - 1 =	5 - 3 =
15 - 6 =	12 - 7 =	10 - 8 =
5 - 2 =	7 - 5 =	9 - 5 =
11 - 4 =	11 - 5 =	15 - 7 =
7 - 3 =	8 - 5 =	13 - 5 =
10 - 5 =	13 - 6 =	9 - 7 =
9 - 1 =	9 - 6 =	10 - 4 =
12 - 4 =	17 - 9 =	9 - 8 =
6 - 3 =	4 - 3 =	11 - 8 =
16 - 9 =	12 - 9 =	5 - 4 =
8 - 5 =	2 - 2 =	10 - 3 =
14 - 6 =	15 - 8 =	7 - 1 =
4 - 2 =	8 - 6 =	13 - 9 =
13 - 7 =	12 - 5 =	3 - 2 =
6 - 5 =	9 - 4 =	11 - 7 =
11 - 6 =	16 - 7 =	10 - 2 =
7 - 2 =	8 - 1 =	12 - 3 =
15 - 9 =	13 - 8 =	12 - 6 =
8 - 2 =	8 - 4 =	14 - 5 =
17 - 8 =	14 - 8 =	14 - 9 =
9 - 3 =	9 - 2 =	18 - 9 =
13 - 4 =	12 - 8 =	14 - 7 =
7 - 4 =	6 - 2 =	5 + 6 =
11 - 2 =	11 - 3 =	2 + 3 =
7 - 6 =	9 - 5 =	4 + 4 =
16 - 8 =	10 - 6 =	6 + 2 =
6 - 4 =	2 - 1 =	2 + 6 =
10 - 7 =	11 - 9=	8 + 5 =

3 - 0 =	5 - 1 =	5 - 3 =
15 - 6 =	12 - 7 =	10 - 8 =
5 - 2 =	7 - 5 =	9 - 5 =
11 - 4 =	11 - 5 =	15 - 7 =
7 - 3 =	8 - 5 =	13 - 5 =
10 - 5 =	13 - 6 =	9 - 7 =
9 - 1 =	9 - 6 =	10 - 4 =
12 - 4 =	17 - 9 =	9 - 8 =
6 - 3 =	4 - 3 =	11 - 8 =
16 - 9 =	12 - 9 =	5 - 4 =
8 - 5 =	2 - 2 =	10 - 3 =
14 - 6 =	15 - 8 =	7 - 1 =
4 - 2 =	8 - 6 =	13 - 9 =
13 - 7 =	12 - 5 =	3 - 2 =
6 - 5 =	9 - 4 =	11 - 7 =
11 - 6 =	16 - 7 =	10 - 2 =
7 - 2 =	8 - 1 =	12 - 3 =
15 - 9 =	13 - 8 =	12 - 6 =
8 - 2 =	8 - 4 =	14 - 5 =
17 - 8 =	14 - 8 =	14 - 9 =
9 - 3 =	9 - 2 =	18 - 9 =
13 - 4 =	12 - 8 =	14 - 7 =
7 - 4 =	6 - 2 =	4 + 6 =
11 - 2 =	11 - 3 =	9 + 3 =
7 - 6 =	9 - 5 =	3 + 4 =
16 - 8 =	10 - 6 =	5 + 2 =
6 - 4 =	2 - 1 =	9 + 6 =
10 - 7 =	11 - 9 =	7 + 5 =

3 - 0 =	5 - 1 =	5 - 3 =
15 - 6 =	12 - 7 =	10 - 8 =
5 - 2 =	7 - 5 =	9 - 5 =
11 - 4 =	11 - 5 =	15 - 7 =
7 - 3 =	8 - 5 =	13 - 5 =
10 - 5 =	13 - 6 =	9 - 7 =
9 - 1 =	9 - 6 =	10 - 4 =
12 - 4 =	17 - 9 =	9 - 8 =
6 - 3 =	4 - 3 =	11 - 8 =
16 - 9 =	12 - 9 =	5 - 4 =
8 - 5 =	2 - 2 =	10 - 3 =
14 - 6 =	15 - 8 =	7 - 1 =
4 - 2 =	8 - 6 =	13 - 9 =
13 - 7 =	12 - 5 =	3 - 2 =
6 - 5 =	9 - 4 =	11 - 7 =
11 - 6 =	16 - 7 =	10 - 2 =
7 - 2 =	8 - 1 =	12 - 3 =
15 - 9 =	13 - 8 =	12 - 6 =
8 - 2 =	8 - 4 =	14 - 5 =
17 - 8 =	14 - 8 =	14 - 9 =
9 - 3 =	9 - 2 =	18 - 9 =
13 - 4 =	12 - 8 =	14 - 7 =
7 - 4 =	6 - 2 =	8 + 7 =
11 - 2 =	11 - 3 =	5 + 4 =
7 - 6 =	9 - 5 =	7 + 5 =
16 - 8 =	10 - 6 =	9 + 3 =
6 - 4 =	2 - 1 =	5 + 7 =
10 - 7 =	11 - 9=	3 + 6 =

3 - 0 =	5 - 1 =	5 - 3 =
15 - 6 =	12 - 7 =	10 - 8 =
5 - 2 =	7 - 5 =	9 - 5 =
11 - 4 =	11 - 5 =	15 - 7 =
7 - 3 =	8 - 5 =	13 - 5 =
10 - 5 =	13 - 6 =	9 - 7 =
9 - 1 =	9 - 6 =	10 - 4 =
12 - 4 =	17 - 9 =	9 - 8 =
6 - 3 =	4 - 3 =	11 - 8 =
16 - 9 =	12 - 9 =	5 - 4 =
8 - 5 =	2 - 2 =	10 - 3 =
14 - 6 =	15 - 8 =	7 - 1 =
4 - 2 =	8 - 6 =	13 - 9 =
13 - 7 =	12 - 5 =	3 - 2 =
6 - 5 =	9 - 4 =	11 - 7 =
11 - 6 =	16 - 7 =	10 - 2 =
7 - 2 =	8 - 1 =	12 - 3 =
15 - 9 =	13 - 8 =	12 - 6 =
8 - 2 =	8 - 4 =	14 - 5 =
17 - 8 =	14 - 8 =	14 - 9 =
9 - 3 =	9 - 2 =	18 - 9 =
13 - 4 =	12 - 8 =	14 - 7 =
7 - 4 =	6 - 2 =	8 + 8 =
11 - 2 =	11 - 3 =	5 + 5 =
7 - 6 =	9 - 5 =	7 + 6 =
16 - 8 =	10 - 6 =	9 + 4 =
6 - 4 =	2 - 1 =	5 + 8 =
10 - 7 =	11 - 9=	3 + 7 =

3 - 0 =	5 - 1 =	5 - 3 =
15 - 6 =	12 - 7 =	10 - 8 =
5 - 2 =	7 - 5 =	9 - 5 =
11 - 4 =	11 - 5 =	15 - 7 =
7 - 3 =	8 - 5 =	13 - 5 =
10 - 5 =	13 - 6 =	9 - 7 =
9 - 1 =	9 - 6 =	10 - 4 =
12 - 4 =	17 - 9 =	9 - 8 =
6 - 3 =	4 - 3 =	11 - 8 =
16 - 9 =	12 - 9 =	5 - 4 =
8 - 5 =	2 - 2 =	10 - 3 =
14 - 6 =	15 - 8 =	7 - 1 =
4 - 2 =	8 - 6 =	13 - 9 =
13 - 7 =	12 - 5 =	3 - 2 =
6 - 5 =	9 - 4 =	11 - 7 =
11 - 6 =	16 - 7 =	10 - 2 =
7 - 2 =	8 - 1 =	12 - 3 =
15 - 9 =	13 - 8 =	12 - 6 =
8 - 2 =	8 - 4 =	14 - 5 =
17 - 8 =	14 - 8 =	14 - 9 =
9 - 3 =	9 - 2 =	18 - 9 =
13 - 4 =	12 - 8 =	14 - 7 =
7 - 4 =	6 - 2 =	8 + 9 =
11 - 2 =	11 - 3 =	5 + 6 =
7 - 6 =	9 - 5 =	7 + 7 =
16 - 8 =	10 - 6 =	9 + 5 =
6 - 4 =	2 - 1 =	5 + 9 =
10 - 7 =	11 - 9=	3 + 8 =

3 - 0 =	5 - 1 =	5 - 3 =
15 - 6 =	12 - 7 =	10 - 8 =
5 - 2 =	7 - 5 =	9 - 5 =
11 - 4 =	11 - 5 =	15 - 7 =
7 - 3 =	8 - 5 =	13 - 5 =
10 - 5 =	13 - 6 =	9 - 7 =
9 - 1 =	9 - 6 =	10 - 4 =
12 - 4 =	17 - 9 =	9 - 8 =
6 - 3 =	4 - 3 =	11 - 8 =
16 - 9 =	12 - 9 =	5 - 4 =
8 - 5 =	2 - 2 =	10 - 3 =
14 - 6 =	15 - 8 =	7 - 1 =
4 - 2 =	8 - 6 =	13 - 9 =
13 - 7 =	12 - 5 =	3 - 2 =
6 - 5 =	9 - 4 =	11 - 7 =
11 - 6 =	16 - 7 =	10 - 2 =
7 - 2 =	8 - 1 =	12 - 3 =
15 - 9 =	13 - 8 =	12 - 6 =
8 - 2 =	8 - 4 =	14 - 5 =
17 - 8 =	14 - 8 =	14 - 9 =
9 - 3 =	9 - 2 =	18 - 9 =
13 - 4 =	12 - 8 =	14 - 7 =
7 - 4 =	6 - 2 =	8 + 2 =
11 - 2 =	11 - 3 =	5 + 7 =
7 - 6 =	9 - 5 =	7 + 9 =
16 - 8 =	10 - 6 =	9 + 6 =
6 - 4 =	2 - 1 =	5 + 2 =
10 - 7 =	11 - 9=	3 + 9 =

3 - 0 =	5 - 1 =	5 - 3 =
15 - 6 =	12 - 7 =	10 - 8 =
5 - 2 =	7 - 5 =	9 - 5 =
11 - 4 =	11 - 5 =	15 - 7 =
7 - 3 =	8 - 5 =	13 - 5 =
10 - 5 =	13 - 6 =	9 - 7 =
9 - 1 =	9 - 6 =	10 - 4 =
12 - 4 =	17 - 9 =	9 - 8 =
6 - 3 =	4 - 3 =	11 - 8 =
16 - 9 =	12 - 9 =	5 - 4 =
8 - 5 =	2 - 2 =	10 - 3 =
14 - 6 =	15 - 8 =	7 - 1 =
4 - 2 =	8 - 6 =	13 - 9 =
13 - 7 =	12 - 5 =	3 - 2 =
6 - 5 =	9 - 4 =	11 - 7 =
11 - 6 =	16 - 7 =	10 - 2 =
7 - 2 =	8 - 1 =	12 - 3 =
15 - 9 =	13 - 8 =	12 - 6 =
8 - 2 =	8 - 4 =	14 - 5 =
17 - 8 =	14 - 8 =	14 - 9 =
9 - 3 =	9 - 2 =	18 - 9 =
13 - 4 =	12 - 8 =	14 - 7 =
7 - 4 =	6 - 2 =	8 + 3 =
11 - 2 =	11 - 3 =	5 + 8 =
7 - 6 =	9 - 5 =	7 + 9 =
16 - 8 =	10 - 6 =	9 + 7 =
6 - 4 =	2 - 1 =	5 + 3 =
10 - 7 =	11 - 9=	3 + 2 =

3 - 0 =	5 - 1 =	5 - 3 =
15 - 6 =	12 - 7 =	10 - 8 =
5 - 2 =	7 - 5 =	9 - 5 =
11 - 4 =	11 - 5 =	15 - 7 =
7 - 3 =	8 - 5 =	13 - 5 =
10 - 5 =	13 - 6 =	9 - 7 =
9 - 1 =	9 - 6 =	10 - 4 =
12 - 4 =	17 - 9 =	9 - 8 =
6 - 3 =	4 - 3 =	11 - 8 =
16 - 9 =	12 - 9 =	5 - 4 =
8 - 5 =	2 - 2 =	10 - 3 =
14 - 6 =	15 - 8 =	7 - 1 =
4 - 2 =	8 - 6 =	13 - 9 =
13 - 7 =	12 - 5 =	3 - 2 =
6 - 5 =	9 - 4 =	11 - 7 =
11 - 6 =	16 - 7 =	10 - 2 =
7 - 2 =	8 - 1 =	12 - 3 =
15 - 9 =	13 - 8 =	12 - 6 =
8 - 2 =	8 - 4 =	14 - 5 =
17 - 8 =	14 - 8 =	14 - 9 =
9 - 3 =	9 - 2 =	18 - 9 =
13 - 4 =	12 - 8 =	14 - 7 =
7 - 4 =	6 - 2 =	8 + 4 =
11 - 2 =	11 - 3 =	5 + 9 =
7 - 6 =	9 - 5 =	7 + 2 =
16 - 8 =	10 - 6 =	9 + 8 =
6 - 4 =	2 - 1 =	5 + 4 =
10 - 7 =	11 - 9=	3 + 3 =

3 - 0 =	5 - 1 =	5 - 3 =
15 - 6 =	12 - 7 =	10 - 8 =
5 - 2 =	7 - 5 =	9 - 5 =
11 - 4 =	11 - 5 =	15 - 7 =
7 - 3 =	8 - 5 =	13 - 5 =
10 - 5 =	13 - 6 =	9 - 7 =
9 - 1 =	9 - 6 =	10 - 4 =
12 - 4 =	17 - 9 =	9 - 8 =
6 - 3 =	4 - 3 =	11 - 8 =
16 - 9 =	12 - 9 =	5 - 4 =
8 - 5 =	2 - 2 =	10 - 3 =
14 - 6 =	15 - 8 =	7 - 1 =
4 - 2 =	8 - 6 =	13 - 9 =
13 - 7 =	12 - 5 =	3 - 2 =
6 - 5 =	9 - 4 =	11 - 7 =
11 - 6 =	16 - 7 =	10 - 2 =
7 - 2 =	8 - 1 =	12 - 3 =
15 - 9 =	13 - 8 =	12 - 6 =
8 - 2 =	8 - 4 =	14 - 5 =
17 - 8 =	14 - 8 =	14 - 9 =
9 - 3 =	9 - 2 =	18 - 9 =
13 - 4 =	12 - 8 =	14 - 7 =
7 - 4 =	6 - 2 =	8 + 5 =
11 - 2 =	11 - 3 =	5 + 3 =
7 - 6 =	9 - 5 =	7 + 3 =
16 - 8 =	10 - 6 =	9 + 9 =
6 - 4 =	2 - 1 =	5 + 5 =
10 - 7 =	11 - 9=	3 + 4 =

3 - 0 =	5 - 1 =	5 - 3 =
15 - 6 =	12 - 7 =	10 - 8 =
5 - 2 =	7 - 5 =	9 - 5 =
11 - 4 =	11 - 5 =	15 - 7 =
7 - 3 =	8 - 5 =	13 - 5 =
10 - 5 =	13 - 6 =	9 - 7 =
9 - 1 =	9 - 6 =	10 - 4 =
12 - 4 =	17 - 9 =	9 - 8 =
6 - 3 =	4 - 3 =	11 - 8 =
16 - 9 =	12 - 9 =	5 - 4 =
8 - 5 =	2 - 2 =	10 - 3 =
14 - 6 =	15 - 8 =	7 - 1 =
4 - 2 =	8 - 6 =	13 - 9 =
13 - 7 =	12 - 5 =	3 - 2 =
6 - 5 =	9 - 4 =	11 - 7 =
11 - 6 =	16 - 7 =	10 - 2 =
7 - 2 =	8 - 1 =	12 - 3 =
15 - 9 =	13 - 8 =	12 - 6 =
8 - 2 =	8 - 4 =	14 - 5 =
17 - 8 =	14 - 8 =	14 - 9 =
9 - 3 =	9 - 2 =	18 - 9 =
13 - 4 =	12 - 8 =	14 - 7 =
7 - 4 =	6 - 2 =	8 + 6 =
11 - 2 =	11 - 3 =	5 + 3 =
7 - 6 =	9 - 5 =	7 + 4 =
16 - 8 =	10 - 6 =	9 + 2 =
6 - 4 =	2 - 1 =	5 + 6 =
10 - 7 =	11 - 9=	3 + 5 =

3 - 0 =	5 - 1 =	5 - 3 =
15 - 6 =	12 - 7 =	10 - 8 =
5 - 2 =	7 - 5 =	9 - 5 =
11 - 4 =	11 - 5 =	15 - 7 =
7 - 3 =	8 - 5 =	13 - 5 =
10 - 5 =	13 - 6 =	9 - 7 =
9 - 1 =	9 - 6 =	10 - 4 =
12 - 4 =	17 - 9 =	9 - 8 =
6 - 3 =	4 - 3 =	11 - 8 =
16 - 9 =	12 - 9 =	5 - 4 =
8 - 5 =	2 - 2 =	10 - 3 =
14 - 6 =	15 - 8 =	7 - 1 =
4 - 2 =	8 - 6 =	13 - 9 =
13 - 7 =	12 - 5 =	3 - 2 =
6 - 5 =	9 - 4 =	11 - 7 =
11 - 6 =	16 - 7 =	10 - 2 =
7 - 2 =	8 - 1 =	12 - 3 =
15 - 9 =	13 - 8 =	12 - 6 =
8 - 2 =	8 - 4 =	14 - 5 =
17 - 8 =	14 - 8 =	14 - 9 =
9 - 3 =	9 - 2 =	18 - 9 =
13 - 4 =	12 - 8 =	14 - 7 =
7 - 4 =	6 - 2 =	7 + 6 =
11 - 2 =	11 - 3 =	4 + 3 =
7 - 6 =	9 - 5 =	6 + 4 =
16 - 8 =	10 - 6 =	8 + 2 =
6 - 4 =	2 - 1 =	4 + 6 =
10 - 7 =	11 - 9=	2 + 5 =

3 - 0 =	5 - 1 =	5 - 3 =
15 - 6 =	12 - 7 =	10 - 8 =
5 - 2 =	7 - 5 =	9 - 5 =
11 - 4 =	11 - 5 =	15 - 7 =
7 - 3 =	8 - 5 =	13 - 5 =
10 - 5 =	13 - 6 =	9 - 7 =
9 - 1 =	9 - 6 =	10 - 4 =
12 - 4 =	17 - 9 =	9 - 8 =
6 - 3 =	4 - 3 =	11 - 8 =
16 - 9 =	12 - 9 =	5 - 4 =
8 - 5 =	2 - 2 =	10 - 3 =
14 - 6 =	15 - 8 =	7 - 1 =
4 - 2 =	8 - 6 =	13 - 9 =
13 - 7 =	12 - 5 =	3 - 2 =
6 - 5 =	9 - 4 =	11 - 7 =
11 - 6 =	16 - 7 =	10 - 2 =
7 - 2 =	8 - 1 =	12 - 3 =
15 - 9 =	13 - 8 =	12 - 6 =
8 - 2 =	8 - 4 =	14 - 5 =
17 - 8 =	14 - 8 =	14 - 9 =
9 - 3 =	9 - 2 =	18 - 9 =
13 - 4 =	12 - 8 =	14 - 7 =
7 - 4 =	6 - 2 =	6 + 6 =
11 - 2 =	11 - 3 =	3 + 3 =
7 - 6 =	9 - 5 =	5 + 7 =
16 - 8 =	10 - 6 =	7 + 4 =
6 - 4 =	2 - 1 =	3 + 6 =
10 - 7 =	11 - 9=	9 + 5 =

3 - 0 =	5 - 1 =	5 - 3 =
15 - 6 =	12 - 7 =	10 - 8 =
5 - 2 =	7 - 5 =	9 - 5 =
11 - 4 =	11 - 5 =	15 - 7 =
7 - 3 =	8 - 5 =	13 - 5 =
10 - 5 =	13 - 6 =	9 - 7 =
9 - 1 =	9 - 6 =	10 - 4 =
12 - 4 =	17 - 9 =	9 - 8 =
6 - 3 =	4 - 3 =	11 - 8 =
16 - 9 =	12 - 9 =	5 - 4 =
8 - 5 =	2 - 2 =	10 - 3 =
14 - 6 =	15 - 8 =	7 - 1 =
4 - 2 =	8 - 6 =	13 - 9 =
13 - 7 =	12 - 5 =	3 - 2 =
6 - 5 =	9 - 4 =	11 - 7 =
11 - 6 =	16 - 7 =	10 - 2 =
7 - 2 =	8 - 1 =	12 - 3 =
15 - 9 =	13 - 8 =	12 - 6 =
8 - 2 =	8 - 4 =	14 - 5 =
17 - 8 =	14 - 8 =	14 - 9 =
9 - 3 =	9 - 2 =	18 - 9 =
13 - 4 =	12 - 8 =	14 - 7 =
7 - 4 =	6 - 2 =	5 + 6 =
11 - 2 =	11 - 3 =	2 + 3 =
7 - 6 =	9 - 5 =	4 + 6 =
16 - 8 =	10 - 6 =	6 + 5 =
6 - 4 =	2 - 1 =	2 + 6 =
10 - 7 =	11 - 9=	8 + 5 =

3 - 0 =	5 - 1 =	5 - 3 =
15 - 6 =	12 - 7 =	10 - 8 =
5 - 2 =	7 - 5 =	9 - 5 =
11 - 4 =	11 - 5 =	15 - 7 =
7 - 3 =	8 - 5 =	13 - 5 =
10 - 5 =	13 - 6 =	9 - 7 =
9 - 1 =	9 - 6 =	10 - 4 =
12 - 4 =	17 - 9 =	9 - 8 =
6 - 3 =	4 - 3 =	11 - 8 =
16 - 9 =	12 - 9 =	5 - 4 =
8 - 5 =	2 - 2 =	10 - 3 =
14 - 6 =	15 - 8 =	7 - 1 =
4 - 2 =	8 - 6 =	13 - 9 =
13 - 7 =	12 - 5 =	3 - 2 =
6 - 5 =	9 - 4 =	11 - 7 =
11 - 6 =	16 - 7 =	10 - 2 =
7 - 2 =	8 - 1 =	12 - 3 =
15 - 9 =	13 - 8 =	12 - 6 =
8 - 2 =	8 - 4 =	14 - 5 =
17 - 8 =	14 - 8 =	14 - 9 =
9 - 3 =	9 - 2 =	18 - 9 =
13 - 4 =	12 - 8 =	14 - 7 =
7 - 4 =	6 - 2 =	4 + 6 =
11 - 2 =	11 - 3 =	9 + 3 =
7 - 6 =	9 - 5 =	3 + 2 =
16 - 8 =	10 - 6 =	5 + 6 =
6 - 4 =	2 - 1 =	9 + 6 =
10 - 7 =	11 - 9=	7 + 5 =

3 - 0 =	5 - 1 =	5 - 3 =
15 - 6 =	12 - 7 =	10 - 8 =
5 - 2 =	7 - 5 =	9 - 5 =
11 - 4 =	11 - 5 =	15 - 7 =
7 - 3 =	8 - 5 =	13 - 5 =
10 - 5 =	13 - 6 =	9 - 7 =
9 - 1 =	9 - 6 =	10 - 4 =
12 - 4 =	17 - 9 =	9 - 8 =
6 - 3 =	4 - 3 =	11 - 8 =
16 - 9 =	12 - 9 =	5 - 4 =
8 - 5 =	2 - 2 =	10 - 3 =
14 - 6 =	15 - 8 =	7 - 1 =
4 - 2 =	8 - 6 =	13 - 9 =
13 - 7 =	12 - 5 =	3 - 2 =
6 - 5 =	9 - 4 =	11 - 7 =
11 - 6 =	16 - 7 =	10 - 2 =
7 - 2 =	8 - 1 =	12 - 3 =
15 - 9 =	13 - 8 =	12 - 6 =
8 - 2 =	8 - 4 =	14 - 5 =
17 - 8 =	14 - 8 =	14 - 9 =
9 - 3 =	9 - 2 =	18 - 9 =
13 - 4 =	12 - 8 =	14 - 7 =
7 - 4 =	6 - 2 =	8 + 7 =
11 - 2 =	11 - 3 =	5 + 4 =
7 - 6 =	9 - 5 =	7 + 5 =
16 - 8 =	10 - 6 =	9 + 3 =
6 - 4 =	2 - 1 =	5 + 7 =
10 - 7 =	11 - 9=	3 + 6 =

3 - 0 =	5 - 1 =	5 - 3 =
15 - 6 =	12 - 7 =	10 - 8 =
5 - 2 =	7 - 5 =	9 - 5 =
11 - 4 =	11 - 5 =	15 - 7 =
7 - 3 =	8 - 5 =	13 - 5 =
10 - 5 =	13 - 6 =	9 - 7 =
9 - 1 =	9 - 6 =	10 - 4 =
12 - 4 =	17 - 9 =	9 - 8 =
6 - 3 =	4 - 3 =	11 - 8 =
16 - 9 =	12 - 9 =	5 - 4 =
8 - 5 =	2 - 2 =	10 - 3 =
14 - 6 =	15 - 8 =	7 - 1 =
4 - 2 =	8 - 6 =	13 - 9 =
13 - 7 =	12 - 5 =	3 - 2 =
6 - 5 =	9 - 4 =	11 - 7 =
11 - 6 =	16 - 7 =	10 - 2 =
7 - 2 =	8 - 1 =	12 - 3 =
15 - 9 =	13 - 8 =	12 - 6 =
8 - 2 =	8 - 4 =	14 - 5 =
17 - 8 =	14 - 8 =	14 - 9 =
9 - 3 =	9 - 2 =	18 - 9 =
13 - 4 =	12 - 8 =	14 - 7 =
7 - 4 =	6 - 2 =	8 + 8 =
11 - 2 =	11 - 3 =	5 + 5 =
7 - 6 =	9 - 5 =	7 + 6 =
16 - 8 =	10 - 6 =	9 + 4 =
6 - 4 =	2 - 1 =	5 + 8 =
10 - 7 =	11 - 9=	3 + 7 =

3 - 0 =	5 - 1 =	5 - 3 =
15 - 6 =	12 - 7 =	10 - 8 =
5 - 2 =	7 - 5 =	9 - 5 =
11 - 4 =	11 - 5 =	15 - 7 =
7 - 3 =	8 - 5 =	13 - 5 =
10 - 5 =	13 - 6 =	9 - 7 =
9 - 1 =	9 - 6 =	10 - 4 =
12 - 4 =	17 - 9 =	9 - 8 =
6 - 3 =	4 - 3 =	11 - 8 =
16 - 9 =	12 - 9 =	5 - 4 =
8 - 5 =	2 - 2 =	10 - 3 =
14 - 6 =	15 - 8 =	7 - 1 =
4 - 2 =	8 - 6 =	13 - 9 =
13 - 7 =	12 - 5 =	3 - 2 =
6 - 5 =	9 - 4 =	11 - 7 =
11 - 6 =	16 - 7 =	10 - 2 =
7 - 2 =	8 - 1 =	12 - 3 =
15 - 9 =	13 - 8 =	12 - 6 =
8 - 2 =	8 - 4 =	14 - 5 =
17 - 8 =	14 - 8 =	14 - 9 =
9 - 3 =	9 - 2 =	18 - 9 =
13 - 4 =	12 - 8 =	14 - 7 =
7 - 4 =	6 - 2 =	8 + 9 =
11 - 2 =	11 - 3 =	5 + 6 =
7 - 6 =	9 - 5 =	7 + 7 =
16 - 8 =	10 - 6 =	9 + 5 =
6 - 4 =	2 - 1 =	5 + 9 =
10 - 7 =	11 - 9=	3 + 8 =

3 - 0 =	5 - 1 =	5 - 3 =
15 - 6 =	12 - 7 =	10 - 8 =
5 - 2 =	7 - 5 =	9 - 5 =
11 - 4 =	11 - 5 =	15 - 7 =
7 - 3 =	8 - 5 =	13 - 5 =
10 - 5 =	13 - 6 =	9 - 7 =
9 - 1 =	9 - 6 =	10 - 4 =
12 - 4 =	17 - 9 =	9 - 8 =
6 - 3 =	4 - 3 =	11 - 8 =
16 - 9 =	12 - 9 =	5 - 4 =
8 - 5 =	2 - 2 =	10 - 3 =
14 - 6 =	15 - 8 =	7 - 1 =
4 - 2 =	8 - 6 =	13 - 9 =
13 - 7 =	12 - 5 =	3 - 2 =
6 - 5 =	9 - 4 =	11 - 7 =
11 - 6 =	16 - 7 =	10 - 2 =
7 - 2 =	8 - 1 =	12 - 3 =
15 - 9 =	13 - 8 =	12 - 6 =
8 - 2 =	8 - 4 =	14 - 5 =
17 - 8 =	14 - 8 =	14 - 9 =
9 - 3 =	9 - 2 =	18 - 9 =
13 - 4 =	12 - 8 =	14 - 7 =
7 - 4 =	6 - 2 =	8 + 2 =
11 - 2 =	11 - 3 =	5 + 7 =
7 - 6 =	9 - 5 =	7 + 9 =
16 - 8 =	10 - 6 =	9 + 6 =
6 - 4 =	2 - 1 =	5 + 2 =
10 - 7 =	11 - 9=	3 + 9 =

3 - 0 =	5 - 1 =	5 - 3 =
15 - 6 =	12 - 7 =	10 - 8 =
5 - 2 =	7 - 5 =	9 - 5 =
11 - 4 =	11 - 5 =	15 - 7 =
7 - 3 =	8 - 5 =	13 - 5 =
10 - 5 =	13 - 6 =	9 - 7 =
9 - 1 =	9 - 6 =	10 - 4 =
12 - 4 =	17 - 9 =	9 - 8 =
6 - 3 =	4 - 3 =	11 - 8 =
16 - 9 =	12 - 9 =	5 - 4 =
8 - 5 =	2 - 2 =	10 - 3 =
14 - 6 =	15 - 8 =	7 - 1 =
4 - 2 =	8 - 6 =	13 - 9 =
13 - 7 =	12 - 5 =	3 - 2 =
6 - 5 =	9 - 4 =	11 - 7 =
11 - 6 =	16 - 7 =	10 - 2 =
7 - 2 =	8 - 1 =	12 - 3 =
15 - 9 =	13 - 8 =	12 - 6 =
8 - 2 =	8 - 4 =	14 - 5 =
17 - 8 =	14 - 8 =	14 - 9 =
9 - 3 =	9 - 2 =	18 - 9 =
13 - 4 =	12 - 8 =	14 - 7 =
7 - 4 =	6 - 2 =	8 + 3 =
11 - 2 =	11 - 3 =	5 + 8 =
7 - 6 =	9 - 5 =	7 + 9 =
16 - 8 =	10 - 6 =	9 + 7 =
6 - 4 =	2 - 1 =	5 + 3 =
10 - 7 =	11 - 9=	3 + 2 =

3 - 0 =	5 - 1 =	5 - 3 =
15 - 6 =	12 - 7 =	10 - 8 =
5 - 2 =	7 - 5 =	9 - 5 =
11 - 4 =	11 - 5 =	15 - 7 =
7 - 3 =	8 - 5 =	13 - 5 =
10 - 5 =	13 - 6 =	9 - 7 =
9 - 1 =	9 - 6 =	10 - 4 =
12 - 4 =	17 - 9 =	9 - 8 =
6 - 3 =	4 - 3 =	11 - 8 =
16 - 9 =	12 - 9 =	5 - 4 =
8 - 5 =	2 - 2 =	10 - 3 =
14 - 6 =	15 - 8 =	7 - 1 =
4 - 2 =	8 - 6 =	13 - 9 =
13 - 7 =	12 - 5 =	3 - 2 =
6 - 5 =	9 - 4 =	11 - 7 =
11 - 6 =	16 - 7 =	10 - 2 =
7 - 2 =	8 - 1 =	12 - 3 =
15 - 9 =	13 - 8 =	12 - 6 =
8 - 2 =	8 - 4 =	14 - 5 =
17 - 8 =	14 - 8 =	14 - 9 =
9 - 3 =	9 - 2 =	18 - 9 =
13 - 4 =	12 - 8 =	14 - 7 =
7 - 4 =	6 - 2 =	8 + 4 =
11 - 2 =	11 - 3 =	5 + 9 =
7 - 6 =	9 - 5 =	7 + 2 =
16 - 8 =	10 - 6 =	9 + 8 =
6 - 4 =	2 - 1 =	5 + 4 =
10 - 7 =	11 - 9=	3 + 3 =

3 - 0 =	5 - 1 =	5 - 3 =
15 - 6 =	12 - 7 =	10 - 8 =
5 - 2 =	7 - 5 =	9 - 5 =
11 - 4 =	11 - 5 =	15 - 7 =
7 - 3 =	8 - 5 =	13 - 5 =
10 - 5 =	13 - 6 =	9 - 7 =
9 - 1 =	9 - 6 =	10 - 4 =
12 - 4 =	17 - 9 =	9 - 8 =
6 - 3 =	4 - 3 =	11 - 8 =
16 - 9 =	12 - 9 =	5 - 4 =
8 - 5 =	2 - 2 =	10 - 3 =
14 - 6 =	15 - 8 =	7 - 1 =
4 - 2 =	8 - 6 =	13 - 9 =
13 - 7 =	12 - 5 =	3 - 2 =
6 - 5 =	9 - 4 =	11 - 7 =
11 - 6 =	16 - 7 =	10 - 2 =
7 - 2 =	8 - 1 =	12 - 3 =
15 - 9 =	13 - 8 =	12 - 6 =
8 - 2 =	8 - 4 =	14 - 5 =
17 - 8 =	14 - 8 =	14 - 9 =
9 - 3 =	9 - 2 =	18 - 9 =
13 - 4 =	12 - 8 =	14 - 7 =
7 - 4 =	6 - 2 =	8 + 5 =
11 - 2 =	11 - 3 =	5 + 3 =
7 - 6 =	9 - 5 =	7 + 3 =
16 - 8 =	10 - 6 =	9 + 9 =
6 - 4 =	2 - 1 =	5 + 5 =
10 - 7 =	11 - 9=	3 + 4 =

3 - 0 =	5 - 1 =	5 - 3 =
15 - 6 =	12 - 7 =	10 - 8 =
5 - 2 =	7 - 5 =	9 - 5 =
11 - 4 =	11 - 5 =	15 - 7 =
7 - 3 =	8 - 5 =	13 - 5 =
10 - 5 =	13 - 6 =	9 - 7 =
9 - 1 =	9 - 6 =	10 - 4 =
12 - 4 =	17 - 9 =	9 - 8 =
6 - 3 =	4 - 3 =	11 - 8 =
16 - 9 =	12 - 9 =	5 - 4 =
8 - 5 =	2 - 2 =	10 - 3 =
14 - 6 =	15 - 8 =	7 - 1 =
4 - 2 =	8 - 6 =	13 - 9 =
13 - 7 =	12 - 5 =	3 - 2 =
6 - 5 =	9 - 4 =	11 - 7 =
11 - 6 =	16 - 7 =	10 - 2 =
7 - 2 =	8 - 1 =	12 - 3 =
15 - 9 =	13 - 8 =	12 - 6 =
8 - 2 =	8 - 4 =	14 - 5 =
17 - 8 =	14 - 8 =	14 - 9 =
9 - 3 =	9 - 2 =	18 - 9 =
13 - 4 =	12 - 8 =	14 - 7 =
7 - 4 =	6 - 2 =	8 + 6 =
11 - 2 =	11 - 3 =	5 + 3 =
7 - 6 =	9 - 5 =	7 + 4 =
16 - 8 =	10 - 6 =	9 + 2 =
6 - 4 =	2 - 1 =	5 + 6 =
10 - 7 =	11 - 9=	3 + 5 =

3 - 0 =	5 - 1 =	5 - 3 =
15 - 6 =	12 - 7 =	10 - 8 =
5 - 2 =	7 - 5 =	9 - 5 =
11 - 4 =	11 - 5 =	15 - 7 =
7 - 3 =	8 - 5 =	13 - 5 =
10 - 5 =	13 - 6 =	9 - 7 =
9 - 1 =	9 - 6 =	10 - 4 =
12 - 4 =	17 - 9 =	9 - 8 =
6 - 3 =	4 - 3 =	11 - 8 =
16 - 9 =	12 - 9 =	5 - 4 =
8 - 5 =	2 - 2 =	10 - 3 =
14 - 6 =	15 - 8 =	7 - 1 =
4 - 2 =	8 - 6 =	13 - 9 =
13 - 7 =	12 - 5 =	3 - 2 =
6 - 5 =	9 - 4 =	11 - 7 =
11 - 6 =	16 - 7 =	10 - 2 =
7 - 2 =	8 - 1 =	12 - 3 =
15 - 9 =	13 - 8 =	12 - 6 =
8 - 2 =	8 - 4 =	14 - 5 =
17 - 8 =	14 - 8 =	14 - 9 =
9 - 3 =	9 - 2 =	18 - 9 =
13 - 4 =	12 - 8 =	14 - 7 =
7 - 4 =	6 - 2 =	7 + 6 =
11 - 2 =	11 - 3 =	4 + 3 =
7 - 6 =	9 - 5 =	6 + 4 =
16 - 8 =	10 - 6 =	8 + 2 =
6 - 4 =	2 - 1 =	4 + 6 =
10 - 7 =	11 - 9=	2 + 5 =

3 - 0 =	5 - 1 =	5 - 3 =
15 - 6 =	12 - 7 =	10 - 8 =
5 - 2 =	7 - 5 =	9 - 5 =
11 - 4 =	11 - 5 =	15 - 7 =
7 - 3 =	8 - 5 =	13 - 5 =
10 - 5 =	13 - 6 =	9 - 7 =
9 - 1 =	9 - 6 =	10 - 4 =
12 - 4 =	17 - 9 =	9 - 8 =
6 - 3 =	4 - 3 =	11 - 8 =
16 - 9 =	12 - 9 =	5 - 4 =
8 - 5 =	2 - 2 =	10 - 3 =
14 - 6 =	15 - 8 =	7 - 1 =
4 - 2 =	8 - 6 =	13 - 9 =
13 - 7 =	12 - 5 =	3 - 2 =
6 - 5 =	9 - 4 =	11 - 7 =
11 - 6 =	16 - 7 =	10 - 2 =
7 - 2 =	8 - 1 =	12 - 3 =
15 - 9 =	13 - 8 =	12 - 6 =
8 - 2 =	8 - 4 =	14 - 5 =
17 - 8 =	14 - 8 =	14 - 9 =
9 - 3 =	9 - 2 =	18 - 9 =
13 - 4 =	12 - 8 =	14 - 7 =
7 - 4 =	6 - 2 =	6 + 6 =
11 - 2 =	11 - 3 =	3 + 3 =
7 - 6 =	9 - 5 =	5 + 4 =
16 - 8 =	10 - 6 =	7 + 2 =
6 - 4 =	2 - 1 =	3 + 6 =
10 - 7 =	11 - 9=	9 + 5 =

3 - 0 =	5 - 1 =	5 - 3 =
15 - 6 =	12 - 7 =	10 - 8 =
5 - 2 =	7 - 5 =	9 - 5 =
11 - 4 =	11 - 5 =	15 - 7 =
7 - 3 =	8 - 5 =	13 - 5 =
10 - 5 =	13 - 6 =	9 - 7 =
9 - 1 =	9 - 6 =	10 - 4 =
12 - 4 =	17 - 9 =	9 - 8 =
6 - 3 =	4 - 3 =	11 - 8 =
16 - 9 =	12 - 9 =	5 - 4 =
8 - 5 =	2 - 2 =	10 - 3 =
14 - 6 =	15 - 8 =	7 - 1 =
4 - 2 =	8 - 6 =	13 - 9 =
13 - 7 =	12 - 5 =	3 - 2 =
6 - 5 =	9 - 4 =	11 - 7 =
11 - 6 =	16 - 7 =	10 - 2 =
7 - 2 =	8 - 1 =	12 - 3 =
15 - 9 =	13 - 8 =	12 - 6 =
8 - 2 =	8 - 4 =	14 - 5 =
17 - 8 =	14 - 8 =	14 - 9 =
9 - 3 =	9 - 2 =	18 - 9 =
13 - 4 =	12 - 8 =	14 - 7 =
7 - 4 =	6 - 2 =	5 + 6 =
11 - 2 =	11 - 3 =	2 + 3 =
7 - 6 =	9 - 5 =	4 + 4 =
16 - 8 =	10 - 6 =	6 + 2 =
6 - 4 =	2 - 1 =	2 + 6 =
10 - 7 =	11 - 9=	8 + 5 =

3 - 0 =	5 - 1 =	5 - 3 =
15 - 6 =	12 - 7 =	10 - 8 =
5 - 2 =	7 - 5 =	9 - 5 =
11 - 4 =	11 - 5 =	15 - 7 =
7 - 3 =	8 - 5 =	13 - 5 =
10 - 5 =	13 - 6 =	9 - 7 =
9 - 1 =	9 - 6 =	10 - 4 =
12 - 4 =	17 - 9 =	9 - 8 =
6 - 3 =	4 - 3 =	11 - 8 =
16 - 9 =	12 - 9 =	5 - 4 =
8 - 5 =	2 - 2 =	10 - 3 =
14 - 6 =	15 - 8 =	7 - 1 =
4 - 2 =	8 - 6 =	13 - 9 =
13 - 7 =	12 - 5 =	3 - 2 =
6 - 5 =	9 - 4 =	11 - 7 =
11 - 6 =	16 - 7 =	10 - 2 =
7 - 2 =	8 - 1 =	12 - 3 =
15 - 9 =	13 - 8 =	12 - 6 =
8 - 2 =	8 - 4 =	14 - 5 =
17 - 8 =	14 - 8 =	14 - 9 =
9 - 3 =	9 - 2 =	18 - 9 =
13 - 4 =	12 - 8 =	14 - 7 =
7 - 4 =	6 - 2 =	4 + 6 =
11 - 2 =	11 - 3 =	9 + 3 =
7 - 6 =	9 - 5 =	3 + 4 =
16 - 8 =	10 - 6 =	5 + 2 =
6 - 4 =	2 - 1 =	9 + 6 =
10 - 7 =	11 - 9=	7 + 5 =

3 - 0 =	5 - 1 =	5 - 3 =
15 - 6 =	12 - 7 =	10 - 8 =
5 - 2 =	7 - 5 =	9 - 5 =
11 - 4 =	11 - 5 =	15 - 7 =
7 - 3 =	8 - 5 =	13 - 5 =
10 - 5 =	13 - 6 =	9 - 7 =
9 - 1 =	9 - 6 =	10 - 4 =
12 - 4 =	17 - 9 =	9 - 8 =
6 - 3 =	4 - 3 =	11 - 8 =
16 - 9 =	12 - 9 =	5 - 4 =
8 - 5 =	2 - 2 =	10 - 3 =
14 - 6 =	15 - 8 =	7 - 1 =
4 - 2 =	8 - 6 =	13 - 9 =
13 - 7 =	12 - 5 =	3 - 2 =
6 - 5 =	9 - 4 =	11 - 7 =
11 - 6 =	16 - 7 =	10 - 2 =
7 - 2 =	8 - 1 =	12 - 3 =
15 - 9 =	13 - 8 =	12 - 6 =
8 - 2 =	8 - 4 =	14 - 5 =
17 - 8 =	14 - 8 =	14 - 9 =
9 - 3 =	9 - 2 =	18 - 9 =
13 - 4 =	12 - 8 =	14 - 7 =
7 - 4 =	6 - 2 =	8 + 7 =
11 - 2 =	11 - 3 =	5 + 4 =
7 - 6 =	9 - 5 =	7 + 5 =
16 - 8 =	10 - 6 =	9 + 3 =
6 - 4 =	2 - 1 =	5 + 7 =
10 - 7 =	11 - 9=	3 + 6 =

3 - 0 =	5 - 1 =	5 - 3 =
15 - 6 =	12 - 7 =	10 - 8 =
5 - 2 =	7 - 5 =	9 - 5 =
11 - 4 =	11 - 5 =	15 - 7 =
7 - 3 =	8 - 5 =	13 - 5 =
10 - 5 =	13 - 6 =	9 - 7 =
9 - 1 =	9 - 6 =	10 - 4 =
12 - 4 =	17 - 9 =	9 - 8 =
6 - 3 =	4 - 3 =	11 - 8 =
16 - 9 =	12 - 9 =	5 - 4 =
8 - 5 =	2 - 2 =	10 - 3 =
14 - 6 =	15 - 8 =	7 - 1 =
4 - 2 =	8 - 6 =	13 - 9 =
13 - 7 =	12 - 5 =	3 - 2 =
6 - 5 =	9 - 4 =	11 - 7 =
11 - 6 =	16 - 7 =	10 - 2 =
7 - 2 =	8 - 1 =	12 - 3 =
15 - 9 =	13 - 8 =	12 - 6 =
8 - 2 =	8 - 4 =	14 - 5 =
17 - 8 =	14 - 8 =	14 - 9 =
9 - 3 =	9 - 2 =	18 - 9 =
13 - 4 =	12 - 8 =	14 - 7 =
7 - 4 =	6 - 2 =	8 + 8 =
11 - 2 =	11 - 3 =	5 + 5 =
7 - 6 =	9 - 5 =	7 + 6 =
16 - 8 =	10 - 6 =	9 + 4 =
6 - 4 =	2 - 1 =	5 + 8 =
10 - 7 =	11 - 9=	3 + 7 =

3 - 0 =	5 - 1 =	5 - 3 =
15 - 6 =	12 - 7 =	10 - 8 =
5 - 2 =	7 - 5 =	9 - 5 =
11 - 4 =	11 - 5 =	15 - 7 =
7 - 3 =	8 - 5 =	13 - 5 =
10 - 5 =	13 - 6 =	9 - 7 =
9 - 1 =	9 - 6 =	10 - 4 =
12 - 4 =	17 - 9 =	9 - 8 =
6 - 3 =	4 - 3 =	11 - 8 =
16 - 9 =	12 - 9 =	5 - 4 =
8 - 5 =	2 - 2 =	10 - 3 =
14 - 6 =	15 - 8 =	7 - 1 =
4 - 2 =	8 - 6 =	13 - 9 =
13 - 7 =	12 - 5 =	3 - 2 =
6 - 5 =	9 - 4 =	11 - 7 =
11 - 6 =	16 - 7 =	10 - 2 =
7 - 2 =	8 - 1 =	12 - 3 =
15 - 9 =	13 - 8 =	12 - 6 =
8 - 2 =	8 - 4 =	14 - 5 =
17 - 8 =	14 - 8 =	14 - 9 =
9 - 3 =	9 - 2 =	18 - 9 =
13 - 4 =	12 - 8 =	14 - 7 =
7 - 4 =	6 - 2 =	8 + 9 =
11 - 2 =	11 - 3 =	5 + 6 =
7 - 6 =	9 - 5 =	7 + 7 =
16 - 8 =	10 - 6 =	9 + 5 =
6 - 4 =	2 - 1 =	5 + 9 =
10 - 7 =	11 - 9=	3 + 8 =

3 - 0 =	5 - 1 =	5 - 3 =
15 - 6 =	12 - 7 =	10 - 8 =
5 - 2 =	7 - 5 =	9 - 5 =
11 - 4 =	11 - 5 =	15 - 7 =
7 - 3 =	8 - 5 =	13 - 5 =
10 - 5 =	13 - 6 =	9 - 7 =
9 - 1 =	9 - 6 =	10 - 4 =
12 - 4 =	17 - 9 =	9 - 8 =
6 - 3 =	4 - 3 =	11 - 8 =
16 - 9 =	12 - 9 =	5 - 4 =
8 - 5 =	2 - 2 =	10 - 3 =
14 - 6 =	15 - 8 =	7 - 1 =
4 - 2 =	8 - 6 =	13 - 9 =
13 - 7 =	12 - 5 =	3 - 2 =
6 - 5 =	9 - 4 =	11 - 7 =
11 - 6 =	16 - 7 =	10 - 2 =
7 - 2 =	8 - 1 =	12 - 3 =
15 - 9 =	13 - 8 =	12 - 6 =
8 - 2 =	8 - 4 =	14 - 5 =
17 - 8 =	14 - 8 =	14 - 9 =
9 - 3 =	9 - 2 =	18 - 9 =
13 - 4 =	12 - 8 =	14 - 7 =
7 - 4 =	6 - 2 =	8 + 2 =
11 - 2 =	11 - 3 =	5 + 7 =
7 - 6 =	9 - 5 =	7 + 9 =
16 - 8 =	10 - 6 =	9 + 6 =
6 - 4 =	2 - 1 =	5 + 2 =
10 - 7 =	11 - 9=	3 + 9 =

3 - 0 =	5 - 1 =	5 - 3 =
15 - 6 =	12 - 7 =	10 - 8 =
5 - 2 =	7 - 5 =	9 - 5 =
11 - 4 =	11 - 5 =	15 - 7 =
7 - 3 =	8 - 5 =	13 - 5 =
10 - 5 =	13 - 6 =	9 - 7 =
9 - 1 =	9 - 6 =	10 - 4 =
12 - 4 =	17 - 9 =	9 - 8 =
6 - 3 =	4 - 3 =	11 - 8 =
16 - 9 =	12 - 9 =	5 - 4 =
8 - 5 =	2 - 2 =	10 - 3 =
14 - 6 =	15 - 8 =	7 - 1 =
4 - 2 =	8 - 6 =	13 - 9 =
13 - 7 =	12 - 5 =	3 - 2 =
6 - 5 =	9 - 4 =	11 - 7 =
11 - 6 =	16 - 7 =	10 - 2 =
7 - 2 =	8 - 1 =	12 - 3 =
15 - 9 =	13 - 8 =	12 - 6 =
8 - 2 =	8 - 4 =	14 - 5 =
17 - 8 =	14 - 8 =	14 - 9 =
9 - 3 =	9 - 2 =	18 - 9 =
13 - 4 =	12 - 8 =	14 - 7 =
7 - 4 =	6 - 2 =	8 + 3 =
11 - 2 =	11 - 3 =	5 + 8 =
7 - 6 =	9 - 5 =	7 + 9 =
16 - 8 =	10 - 6 =	9 + 7 =
6 - 4 =	2 - 1 =	5 + 3 =
10 - 7 =	11 - 9=	3 + 2 =

3 - 0 =	5 - 1 =	5 - 3 =
15 - 6 =	12 - 7 =	10 - 8 =
5 - 2 =	7 - 5 =	9 - 5 =
11 - 4 =	11 - 5 =	15 - 7 =
7 - 3 =	8 - 5 =	13 - 5 =
10 - 5 =	13 - 6 =	9 - 7 =
9 - 1 =	9 - 6 =	10 - 4 =
12 - 4 =	17 - 9 =	9 - 8 =
6 - 3 =	4 - 3 =	11 - 8 =
16 - 9 =	12 - 9 =	5 - 4 =
8 - 5 =	2 - 2 =	10 - 3 =
14 - 6 =	15 - 8 =	7 - 1 =
4 - 2 =	8 - 6 =	13 - 9 =
13 - 7 =	12 - 5 =	3 - 2 =
6 - 5 =	9 - 4 =	11 - 7 =
11 - 6 =	16 - 7 =	10 - 2 =
7 - 2 =	8 - 1 =	12 - 3 =
15 - 9 =	13 - 8 =	12 - 6 =
8 - 2 =	8 - 4 =	14 - 5 =
17 - 8 =	14 - 8 =	14 - 9 =
9 - 3 =	9 - 2 =	18 - 9 =
13 - 4 =	12 - 8 =	14 - 7 =
7 - 4 =	6 - 2 =	8 + 4 =
11 - 2 =	11 - 3 =	5 + 9 =
7 - 6 =	9 - 5 =	7 + 2 =
16 - 8 =	10 - 6 =	9 + 8 =
6 - 4 =	2 - 1 =	5 + 4 =
10 - 7 =	11 - 9=	3 + 3 =

3 - 0 =	5 - 1 =	5 - 3 =
15 - 6 =	12 - 7 =	10 - 8 =
5 - 2 =	7 - 5 =	9 - 5 =
11 - 4 =	11 - 5 =	15 - 7 =
7 - 3 =	8 - 5 =	13 - 5 =
10 - 5 =	13 - 6 =	9 - 7 =
9 - 1 =	9 - 6 =	10 - 4 =
12 - 4 =	17 - 9 =	9 - 8 =
6 - 3 =	4 - 3 =	11 - 8 =
16 - 9 =	12 - 9 =	5 - 4 =
8 - 5 =	2 - 2 =	10 - 3 =
14 - 6 =	15 - 8 =	7 - 1 =
4 - 2 =	8 - 6 =	13 - 9 =
13 - 7 =	12 - 5 =	3 - 2 =
6 - 5 =	9 - 4 =	11 - 7 =
11 - 6 =	16 - 7 =	10 - 2 =
7 - 2 =	8 - 1 =	12 - 3 =
15 - 9 =	13 - 8 =	12 - 6 =
8 - 2 =	8 - 4 =	14 - 5 =
17 - 8 =	14 - 8 =	14 - 9 =
9 - 3 =	9 - 2 =	18 - 9 =
13 - 4 =	12 - 8 =	14 - 7 =
7 - 4 =	6 - 2 =	8 + 5 =
11 - 2 =	11 - 3 =	5 + 3 =
7 - 6 =	9 - 5 =	7 + 3 =
16 - 8 =	10 - 6 =	9 + 9 =
6 - 4 =	2 - 1 =	5 + 5 =
10 - 7 =	11 - 9=	3 + 4 =

ANSWERS

$3 - 0 = 3$	$5 - 1 = 4$	$5 - 3 = 2$
$15 - 6 = 9$	$12 - 7 = 5$	$10 - 8 = 2$
$5 - 2 = 3$	$7 - 5 = 2$	$9 - 5 = 4$
$11 - 4 = 7$	$11 - 5 = 6$	$15 - 7 = 8$
$7 - 3 = 4$	$8 - 5 = 3$	$13 - 5 = 8$
$10 - 5 = 5$	$13 - 6 = 7$	$9 - 7 = 2$
$9 - 1 = 8$	$9 - 6 = 3$	$10 - 4 = 6$
$12 - 4 = 8$	$17 - 9 = 8$	$9 - 8 = 1$
$6 - 3 = 3$	$4 - 3 = 1$	$11 - 8 = 3$
$16 - 9 = 7$	$12 - 9 = 3$	$5 - 4 = 1$
$8 - 5 = 3$	$2 - 2 = 0$	$10 - 3 = 7$
$14 - 6 = 8$	$15 - 8 = 7$	$7 - 1 = 6$
$4 - 2 = 2$	$8 - 6 = 2$	$13 - 9 = 4$
$13 - 7 = 6$	$12 - 5 = 7$	$3 - 2 = 1$
$6 - 5 = 1$	$9 - 4 = 5$	$11 - 7 = 4$
$11 - 6 = 5$	$16 - 7 = 9$	$10 - 2 = 8$
$7 - 2 = 5$	$8 - 1 = 7$	$12 - 3 = 9$
$15 - 9 = 6$	$13 - 8 = 5$	$12 - 6 = 6$
$8 - 2 = 6$	$8 - 4 = 4$	$14 - 5 = 9$
$17 - 8 = 9$	$14 - 8 = 6$	$14 - 9 = 5$
$9 - 3 = 6$	$9 - 2 = 7$	$18 - 9 = 9$
$13 - 4 = 9$	$12 - 8 = 4$	$14 - 7 = 7$
$7 - 4 = 3$	$6 - 2 = 4$	
$11 - 2 = 9$	$11 - 3 = 8$	
$7 - 6 = 1$	$9 - 5 = 4$	
$16 - 8 = 8$	$10 - 6 = 4$	
$6 - 4 = 2$	$2 - 1 = 1$	
$10 - 7 = 3$	$11 - 9 = 2$	

Follow subtraction with multiplication. Learning facts is an important step, similar to learning phonics in reading. It will enable them to conquer harder math if they are fluent in the basics. Take the time to practice and gain fluency in math facts.

Genesis Curriculum takes a book of the Bible and turns it into daily lessons in science, social studies, and language arts. Daily lessons also include reading a portion from the Bible, practicing a weekly memory verse, discussing a thought-provoking question, and learning a Biblical language.

Genesis Curriculum also offers:

GC Steps: This is GC's preschool and kindergarten curriculum. There are three years (ages three through six) where kids will learn to read and write as well as develop beginning math skills.

A Mind for Math: This is GC's elementary school learning-together math program based on the curriculum's daily Bible reading. Children work together as well as have their own leveled workbook.

Rainbow Readers: These are leveled reading books. They each have a unique dictionary with the included words underlined in the text. They are also updated to use modern American spelling.

GenesisCurriculum.com

Made in the USA
Coppell, TX
30 August 2023

20999045R00039